60分でわかる！ THE BEGINNER'S GUIDE TO
INVOICE & CONSUMPTION TAX

インボイス
＆消費税
超入門

税理士 土屋裕昭 [著]

［令和5年度税制改正対応版］

JN028853

技術評論社

令和5年度、4つの改正ポイント

消費税の納税額の計算方法に2割特例を追加

`免税事業者からインボイス制度に登録した事業者対象` `3年間の経過措置`

▶概要

「売上時に預かった消費税×20%」を消費税の納税額とするもの。これまでは原則課税、簡易課税の2つの計算方法から選択していましたが、新たに第3の選択肢が加わります。

▶適用期間

・法人：2023年10月1日から2026年9月30日の属する事業年度（課税期間）
・個人事業主：2023年10月〜12月の申告から2026年分の申告

▶主な要件

・免税事業者からインボイス制度に登録した事業者
・基準期間（前々事業年度）の課税売上高1,000万円以下
・新設法人については資本金1,000万円未満

`詳細はP.26`

税込1万円未満の課税仕入は領収書や請求書の保存不要に（少額特例）

`2023`

`主に中小事業者対象` `6年間の経過措置`

▶概要

改正前のインボイス制度では、仕入税額控除を受けるには、税込3万円未満の交通費等を除いて、適格請求書等の保存が必要でした。ところが、改正により、中小事業者は税込1万円未満であれば、帳簿のみの保存で仕入税額控除を受けられるようになりました。よって、税込1万円未満の適格請求書の保存は不要になります。

▶適用期間

・2023年10月1日から2029年9月30日まで

▶主な要件

・基準期間（前々事業年度）の課税売上高1億円以下、または特定期間（前事業年度の上半期）の課税売上高5,000万円以下

`詳細はP.48`

令和5年度税制改正により、インボイス制度のルールが変わります。詳しくは本文で説明しますが、主な以下の4点が変更となります。小規模事業者や中小企業の税負担、事務負担の軽減が中心となっています。

税込1万円未満の適格返還請求書が不要に 全事業者対象 無期限

▶概要

インボイス制度では、返品への対応や値引き・割戻しを行う際には、適格返還請求書（返還インボイス）を発行しますが、その金額が税込1万円未満の場合には、発行が不要となりました。改正により、振込手数料相当額を売上値引きとして処理しているような場合の事務負担が軽減されます。

▶適用期間

・2023年10月1日から無期限

▶主な要件

なし

詳細はP.126

インボイス制度への登録申請・取り消しの期限等の変更 開始後の登録申請は免税事業者、それ以外は全事業者対象

▶概要

●インボイス制度開始前の登録申請について

改正前はインボイス制度への登録申請が2023年4月1日以降になった場合、2023年10月1日から適格請求書発行事業者になるためには、遅れた事情を登録申請書に記載する必要がありましたが、改正により記載が不要となりました。

●インボイス制度開始後の登録申請について

2023年10月2日以降に免税事業者がインボイス制度への登録申請をして、課税期間の初日から適格請求書発行事業者になる場合、改正前は課税期間の初日の前日から1カ月前までに申請書の提出が必要でしたが、改正により「15日前まで」に変更となりました。同様に適格請求書発行事業者の登録を取りやめる場合の提出期限も変更になっています。

書類の種類	提出期限	
	改正前	改正後
適格請求書発行事業者の登録申請書	課税期間の初日の前日から起算して1カ月前まで	課税期間の初日から起算して15日前まで　詳細はP.72
適格請求書発行事業者の登録の取消しを求める旨の届出書	提出する課税期間の末日から起算して30日前の日の前日まで	取り消したい課税期間の初日から起算して15日前まで　詳細はP.78

I. インボイス制度早わかり

Q1 インボイス制度とは？

2023年10月1日からスタートする、事業者が納める消費税額の計算に関する新たなルールです。消費税の納税額の計算は「売上時に預かった消費税－仕入や経費で支払った消費税」（原則課税）が原則ですが、受け取った請求書や領収書がインボイス（＝適格請求書等）でないと、その分の消費税を差し引けなく（仕入税額控除を受けられなく）なります。

- -

Q2 インボイス（＝適格請求書等）とは？

従来の請求書や領収書に「登録番号」や「税率ごとに区分した消費税額」などを記載したものです。登録番号をもらうには、国税庁にインボイス制度への登録申請をして「適格請求書発行事業者」になる必要があります。

▶インボイス制度の登録申請・開始スケジュール

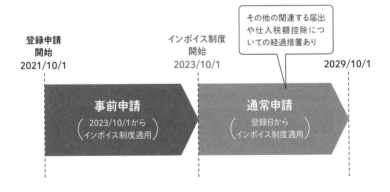

その他の関連する届出や仕入税額控除についての経過措置あり

登録申請
開始
2021/10/1

インボイス制度
開始
2023/10/1

2029/10/1

事前申請
（2023/10/1から
インボイス制度適用）

通常申請
登録日から
インボイス制度適用

Q3 どんな事業者も インボイス制度への登録が必要?

　いいえ、任意です。選択している消費税額の計算方法や取引先との関係性などによって、登録しないほうがトクな事業者もいます。ただし、個人事業主も含め、登録しないと不利益を被る事業者のほうが多いと予想されます。

Q4 受け取った請求書や領収書が適格請求書の 要件を満たしていないとどうなる?

　原則課税(Q1参照)を採用している場合、適格請求書でないと仕入税額控除を受けられなくなるため、納税額がその分増えます。一方、簡易課税(P.24)を選択している事業者や免税事業者(P.20)は影響を受けません。

Q5 発行した請求書や領収書が適格請求書の 要件を満たしていないとどうなる?

　Q4のとおり、請求書を受け取る側(売上先)が原則課税を採用している場合、消費税の納税額が増えることになるため、取引を打ち切られる可能性があります。

> 制度を理解して、登録申請すべきかどうかの判断が大切!

II.インボイス制度 「登録」判定シート

インボイス制度がスタートすると、下図のように、事業者は以下の大きく3形態(適格請求書発行事業者である課税事業者、それ以外の課税事業者、免税事業者)に分かれます。

また課税事業者は、消費税の仕入税額控除の金額を計算するにあたり、原則課税と簡易課税、2割特例の3種類の方法から選択します。

これらの組み合わせや、課税売上高や取引先との関係によって、次ページのように、インボイス制度への登録(=適格請求書発行事業者になるかならないか)の是非が違ってきます。

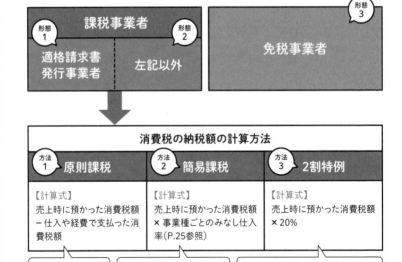

課税事業者		免税事業者
形態1 適格請求書発行事業者	形態2 左記以外	形態3

消費税の納税額の計算方法

方法1 原則課税	方法2 簡易課税	方法3 2割特例
【計算式】売上時に預かった消費税額－仕入や経費で支払った消費税額	【計算式】売上時に預かった消費税額×事業種ごとのみなし仕入率(P.25参照)	【計算式】売上時に預かった消費税額×20%
インボイス制度に登録申請するだけだと自動的にこちら	選択するには、インボイスの登録申請とは別に、申請が必要(課税売上高5,000万円以下であることなどが要件)	2026年9月30日までに免税事業者が適格請求書発行事業者になった場合のみ選択可能(課税売上高1,000万円以下であることなどが要件)

A

課税売上高5,000万円超の事業者

現在の状況

消費税の課税の有無		消費税の納税額の計算方法	
課税事業者	免税事業者	原則課税	簡易課税

インボイス制度への登録の是非?

必須

インボイス制度開始後の影響

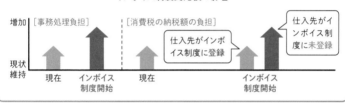

B

課税売上高1,000万円超〜5,000万円以下の事業者❶

現在の状況

消費税の課税の有無		消費税の納税額の計算方法	
課税事業者	免税事業者	原則課税	簡易課税

インボイス制度への登録の是非?

必須

インボイス制度開始後の影響

課税売上高1,000万円超～5,000万円以下の事業者❷

現在の状況

消費税の課税の有無		消費税の納税額の計算方法	
課税事業者	~~免税事業者~~	~~原則課税~~	簡易課税

インボイス制度への登録の是非?

必須

インボイス制度開始後の影響

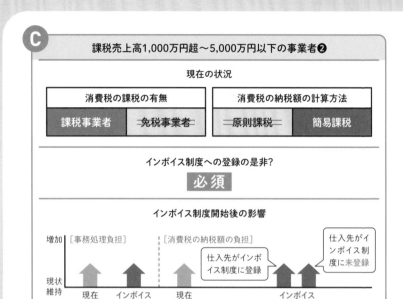

増加 ［事務処理負担］　［消費税の納税額の負担］

仕入先がインボイス制度に登録

仕入先がインボイス制度に未登録

現状維持　現在　インボイス制度開始　現在　インボイス制度開始

課税売上高1,000万円以下

現在の状況

消費税の課税の有無		消費税の納税額の計算方法	
~~課税事業者~~	免税事業者	~~原則課税~~	~~簡易課税~~

インボイス制度への登録の是非?

▶ 売上先に課税事業者（原則課税）がいる

⇒原則登録

⇒事務処理負担を軽くするなら2割特例か簡易課税を選択

▶ 売上先がすべて免税事業者

⇒免税事業者のままのほうがトク（登録の必要なし）

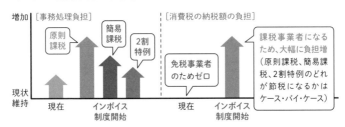

インボイス制度開始後の影響❶「インボイス制度に登録した（課税事業者になった）」

[事務処理負担]
増加 / 現状維持
原則課税 / 簡易課税 / 2割特例
現在 / インボイス制度開始

[消費税の納税額の負担]
免税事業者のためゼロ
現在 / インボイス制度開始

課税事業者になるため、大幅に負担増（原則課税、簡易課税、2割特例のどれが節税になるかはケース・バイ・ケース）

インボイス制度開始後の影響❷「インボイス制度に未登録（免税事業者のまま）」

[事務処理負担]
増加 / 現状維持
現在 / インボイス制度開始

[消費税の納税額の負担]
免税事業者のためゼロ
現在 / インボイス制度開始

こっちがおトク？

ただし… 消費税はゼロ、事務処理負担も現状と変わらずに済むが、売上先が原則課税の場合、**売上先の消費税の負担が増えるため、取引停止になる可能性が高い業種も！**

↓

> 業種別に見た、現在、免税事業者のインボイス制度への登録の必要性

※下記は一般的な目安です。各事業者の状況によりあてはまらないケースもあります。

登録の必要性　高 ← → 低

事業の種類	ポイント
士業・コンサルタント／システムエンジニア／フリーライター／一人親方 etc.	売上先が課税事業者（原則課税）の可能性が高い。または免税事業者であることを知られると、ブランドを損なう恐れがあるような事業。※代替の利かない特殊性があれば登録不要。
大家／飲食店／小売店／一般診療所 etc.	ビジネス形態によって判断が必要な事業。大家であれば事務所や店舗等の賃貸の割合、飲食店や小売店であれば領収書を必要とするビジネス利用客の割合、診療所であれば健康診断や予防接種等の売上の割合で必要性が異なる。
保険営業／フードデリバリー配達員／個人タクシー etc.	業界の動向や方針によって、登録の必要性が左右される事業。企業と専属契約している個人事業主が該当することが多い。また個人タクシーでは、ビジネス利用客が経費精算にあたり適格請求書を求めるかどうかによる。
学習塾／理髪店／歯科医院／マッサージ etc.	経費精算のための請求書や領収書を必要としない個人客が中心の事業。

Contents

Part **1** 誰がどのように納めている?
インボイス制度の基礎となる 消費税の仕組み ………………… 15

Part

1

誰がどのように納めている?

インボイス制度の
基礎となる
消費税の仕組み

インボイス制度を知る前に必要な消費税の基本知識

● すべての消費者が公平に負担する消費税

　2023年10月から消費税法が変わって"インボイス制度"が導入され、免税事業者（P.20参照）やフリーランスなど多くの人に影響があるといわれています。

　日本国内で行われるほとんどの**モノの販売やサービスの提供といった取引にかかる税金が消費税**です。対価として消費者が支払う代金の中に消費税相当額が含まれているので、消費者に広く、公平に課税できるのが特徴です。したがって消費額が同じなら、すべての消費者が同額の消費税を負担することになります。ヨーロッパやアジアなど、多くの国で同様の制度が導入されています。

　日本では1988年に消費税法が成立し、翌89年4月から3%の消費税が導入。97年と2014年に税率が引き上げられ、19年からは標準税率が10%、飲食料品（酒類・外食を除く）や定期購読の新聞には軽減税率として8%の消費税が課税されています。実際にはそれぞれの税率の中に**国に納める消費税と地方に納める地方消費税が含まれているのですが、一般にまとめて"消費税等"**としています。

　消費税の課税対象となるのは国内取引と輸入取引です。国内取引は「**①国内において行うもの**」「**②事業者が事業として行うもの**」「**③対価を得て行うもの**」「**④資産の譲渡・貸付、役務の提供である**」の4要件を満たすものが課税対象ですが、4要件を満たしていても消費に負担を求める税として課税対象になじまないものや社会政策的な配慮から課税が適当ではないと判断される取引は**非課税取引**、そもそも4要件を満たさないものは**不課税取引**となります。

▶ 消費税の課税対象

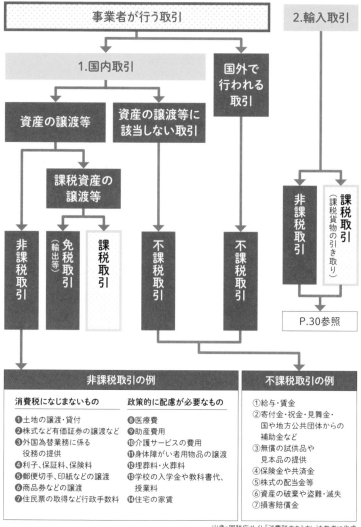

```
事業者が行う取引                                    2.輸入取引

        1.国内取引            国外で
                            行われる
                            取引

  資産の譲渡等    資産の譲渡等に
                 該当しない取引

       課税資産の
        譲渡等
                                              非            課
  非      免    課                             課            税
  課     税    税                             税            取
  税     取    取     不      不               取           引
  取     引    引     課      課               引     （課税貨物の引き取り）
  引   （輸出等） 課    税      税
                    取      取
                    引      引

                                                    P.30参照
```

非課税取引の例		不課税取引の例
消費税になじまないもの	政策的に配慮が必要なもの	①給与・賃金
❶土地の譲渡・貸付	❽医療費	②寄付金・祝金・見舞金・ 国や地方公共団体からの 補助金など
❷株式など有価証券の譲渡など	❾助産費用	③無償の試供品や 見本品の提供
❸外国為替業務に係る 役務の提供	❿介護サービスの費用	④保険金や共済金
❹利子、保証料、保険料	⓫身体障がい者用物品の譲渡	⑤株式の配当金等
❺郵便切手、印紙などの譲渡	⓬埋葬料・火葬料	⑥資産の破棄や盗難・滅失
❻商品券などの譲渡	⓭学校の入学金や教科書代、 授業料	⑦損害賠償金
❼住民票の取得など行政手数料	⓮住宅の家賃	

出典：国税庁サイト「消費税のあらまし」を参考に作成

まとめ

☐ 消費税は、消費に対して広く、公平に課される税金

☐ 消費税の課税対象は国内取引と輸入取引

消費者はじつは消費税を
納税していない

● 消費税を納めるのは消費者ではなく事業者

　消費税を負担するのは消費者ですが、国に税金を納める「手続き」部分を担うのは事業者です。消費者がモノやサービスの対価として支払っている消費税は、事業者が一時的に預かり、最終的には納税義務者として国に納税します。

　製造業者と小売業者間の取引など、事業者同士の取引についても各過程で消費税がかかります。ただし、これは売手が価格に消費税を上乗せして順送りしているだけで（「転嫁」といいます）、最終的にはやはり消費者が負担することになります。

　この転嫁の過程で二重、三重に重ねて消費税を課税しないように、各事業者は売上にかかる消費税額から、仕入にかかる消費税額を差し引いた額を納税します。

　右図の例でみると、この差し引きが行われない場合、原材料製造業者から小売業者まで、それぞれが受け取った消費税（①〜④）の合計は 24,000 円になります。最終的に消費者が負担した消費税は 10,000 円ですから、消費税をとりすぎていることがわかります。

　一方、税が重複しないように差し引きすると、小売業者は消費者から預かった 10,000 円の消費税から、仕入にかかった 7,000 円の消費税を差し引いた 3,000 円を納税。同様に卸売業者が 2,000 円、完成品製造業者が 3,000 円、原材料製造業者が 2,000 円を納税することになります。

　そして、これらの消費税額を合計すると 10,000 円となり、**消費者が負担する消費税額と一致**することになります。

● 消費税の負担と納付の流れ

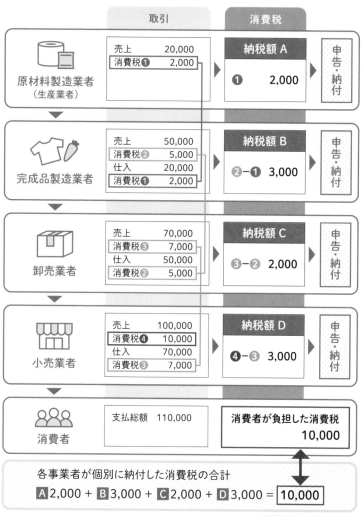

	取引	消費税	
原材料製造業者 （生産業者）	売上 20,000 消費税❶ 2,000	納税額 A ❶ 2,000	申告・納付
完成品製造業者	売上 50,000 消費税❷ 5,000 仕入 20,000 消費税❶ 2,000	納税額 B ❷−❶ 3,000	申告・納付
卸売業者	売上 70,000 消費税❸ 7,000 仕入 50,000 消費税❷ 5,000	納税額 C ❸−❷ 2,000	申告・納付
小売業者	売上 100,000 消費税❹ 10,000 仕入 70,000 消費税❸ 7,000	納税額 D ❹−❸ 3,000	申告・納付
消費者	支払総額 110,000	消費者が負担した消費税 10,000	

各事業者が個別に納付した消費税の合計

A 2,000 + B 3,000 + C 2,000 + D 3,000 = 10,000

※消費税率10%で計算／単位：円

出典：国税庁サイト「消費税のあらまし」を参考に作成

まとめ

□ 消費税を負担するのは消費者、納税義務者は事業者

□ 生産や流通の過程で重複して課税されない仕組みがある

消費税の納税義務は前々年度と特定期間の課税売上高で判断する

● 今年の納税義務を決めるのは2年前の課税売上高

事業者は、消費者から預かった消費税を毎日あるいは毎月、税務署に納付するわけではありません。一定期間に預かった消費税をまとめて納税します。**この一定期間を「課税期間」といい、個人事業主は1月1日から12月31日までの1年間、法人は各法人の事業年度が課税期間となります。**

ただし、すべての事業者に消費税の納税義務があるわけではありません。**一定条件を満たす事業者は「免税事業者」として納税が免除されます**（自ら納税しても構いません）。具体的には、**個人事業主は「課税期間の2年前」（基準期間）と「前年の1月から6月まで」（特定期間）の各課税売上高、法人は「課税期間となる事業年度の前々事業年度」（基準期間）と「前期事業年度の前半6か月間（上半期）」（特定期間）の各課税売上高で判断します。**

たとえば、個人事業主で課税期間が2023年1月1日から12月31日の場合、納税義務を判断する基準期間は2021年1月1日から12月31日、特定期間は2022年1月1日から6月30日となります。

また、法人で4月1日から翌年の3月31日までを事業年度としている場合、2023年度が課税期間とすると、2021年度（= 2021年4月1日から2022年3月31日）と2022年度の上半期（= 2022年4月1日から2022年9月30日）までの課税売上高で判断します。

個人事業主も法人も、**基準期間もしくは特定期間の課税対象となる売上高が1,000万円超であれば、課税事業者**となって消費税を納めます。一方、**1,000万円以下であれば免税事業者**となります。

● 消費税の課税期間と基準期間、特定期間

個人事業主の場合

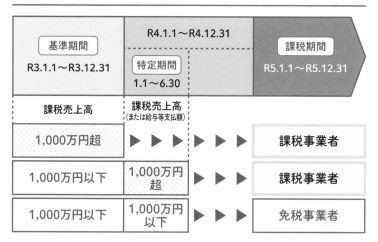

法人の場合（3月末決算の例）

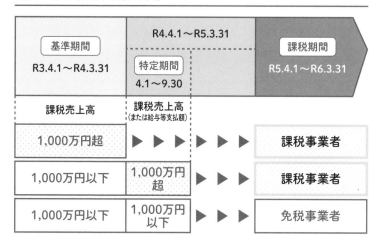

まとめ

☐ 事業者は一定期間（課税期間）の消費税をまとめて納付する

☐ 基準期間と特定期間の両方の課税売上高が1,000万円以下で免税

新規開業者の原則1年目は
届け出なければ免税事業者となる

● 開業したての人も免税事業者になれる

　前項でお話ししたとおり、「課税期間となる事業年度の2期前（個人なら2年前）」（基準期間）と「前期事業年度（個人なら前年）の前半6か月間」（特定期間）の両方の課税売上高が1,000万円以下であれば、免税事業者になれます。

　では、基準期間や特定期間に該当する期間のない、開業1年目の事業者の場合はどうなるのでしょうか。**開業1年目の人は原則、免税事業者となります。また開業2年目の人は特定期間の課税売上高が1,000万円以下であれば免税事業者、1,000万円超であれば課税事業者となります。**

　ただし、法人については特例があり、課税事業者と判断されるケースがあります。それは「事業年度開始日の資本金か出資金額が1,000万円以上」の場合です。この特例に該当する事業者は、設立1年目や2年目でも課税事業者、設立3年目以降は前述の基準期間と特定期間の課税売上高によって納税義務があるかないかを判断します。

　ところで**免税事業者であっても、売上時に消費税を乗せる**ことはできます。預かった消費税を納税する義務がないだけです。詳しくは後述しますが、**この部分にメスを入れるのがインボイス制度です。**これまで免税事業者は「おいしい」選択でしたが、**免税事業者のままでいると不利を被ることもあるルール**に変わります。

　免税事業者であっても、税務署に**消費税課税事業者選択届出書**を提出すれば課税事業者になれます。その場合は、基準期間等の課税売上高が1,000万円以下でも、消費税を納めなければなりません。

● 新規開業者の免税事業者の要件

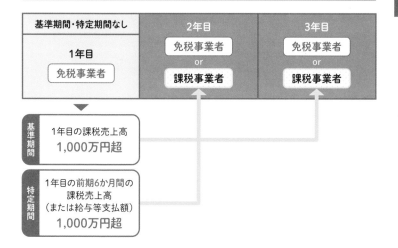

● 個人事業主で1年間開業後、法人成りした場合

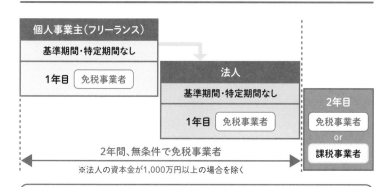

免税事業者であっても、売上時に消費税を乗せて益税（P.32参照）にできるため、これまでは有利だったが、後述するように、インボイス制度の開始後はそのままトクする事業者と、デメリットのほうが大きくなる事業者に分かれるので注意が必要。

まとめ

□ 新規事業者は開業1年目は原則として免税事業者

□ インボイス制度では、免税事業者がトクするとは限らない

消費税の納税額の計算方法は
「原則課税」「簡易課税」から選択

●「支払った消費税」の計算方法が違う

　消費税の納税額は、基本的には**「売上時に預かった消費税」**から**「仕入や経費で支払った消費税」を引いて計算**します。これを**原則課税**といいます。

　簡単な計算のように思えるかもしれませんが、モノやサービスの売買（取引）には、課税取引、不課税取引、非課税取引、免税取引の4タイプがあり（P.16参照）、これらをきちんと区別しないと納税額を計算できないため、経理の負担は重くなります。

　そのため、もう一つの計算方法として、個人事業主も法人も、事業年度1年分の**課税売上高（消費税がかかる売上高）が5,000万円以下の場合には、簡易課税**による計算が認められています。簡易課税とは、**仕入等にかかった消費税額を、「売上時に預かった消費税額×みなし仕入率」で一律に計算**するものです。みなし仕入率は**どのような事業を営んでいるかによって異なります。**

　たとえば、預かった消費税額が同じ500万円でも、卸売業の場合、みなし仕入率は90%のため、仕入にかかった消費税額は500万円×90% = 450万円。消費税の納税額は500万円 − 450万円 = 50万円となります。一方、サービス業の場合、みなし仕入率は50%なので仕入税額は500万円×50% = 250万円。消費税の納税額は500万円 − 250万円 = 250万円となります。

　なお、令和5年度税制改正により、免税事業者がインボイス制度を選択した場合、経過措置として新たに売上税額の2割を納税額とする2割特例が創設されました。次項で説明します。

● 原則課税と簡易課税の計算方法

原則課税

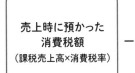

| 売上時に預かった
消費税額
（課税売上高×消費税率） | ー | 仕入や経費で
支払った消費税額
（実額） | ＝ | 消費税の
納税額 |

簡易課税

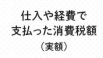

| 売上時に預かった
消費税額
（課税売上高×消費税率） | ー | 売上時に預かった
消費税額
×
みなし仕入率 | ＝ | 消費税の
納税額 |

●みなし仕入率

種　類	業　種	率
第1種事業	卸売業	90%
第2種事業	小売業、農業・林業・漁業（飲食料品の譲渡に係る事業）	80%
第3種事業	農業・林業・漁業（飲食料品の譲渡に係る事業を除く）、鉱業、建設業、製造業、電気業、ガス業、熱供給業、水道業	70%
第4種事業	主に飲食業等	60%
第5種事業	運輸通信業、金融保険業、サービス業（飲食業を除く）	50%
第6種事業	不動産業	40%

まとめ　□ 消費税額の計算には、原則、2種類の方法がある
　　　　　□ 簡易課税では"みなし仕入率"を使って計算する

新規課税事業者については
納税額軽減措置「2割特例」の選択も

● 新たな課税事業者は売上税額の8割を控除

　免税事業者がインボイス制度に登録すると、自動的に課税事業者になります。前項のとおり、原則課税と簡易課税のいずれかの方法により、消費税の納税額を計算することになります。

　ただし、負担軽減の経過措置として、**売上時に預かった消費税額の2割を納税額とする特例**があります。インボイス制度が開始する**「2023年10月1日から2026年9月30日までの間に、免税事業者がインボイス制度への登録などにより課税事業者になった」「課税期間の2年前＝基準期間**（P.20参照）**の課税売上高が1,000万円以下等」**等の要件をすべて満たす場合は、**売上時に預かった消費税額の2割を納税額**とすることができます。

　たとえば、簡易課税で売上800万円、預かり消費税80万円の第5種事業（P.25参照）の場合、80万円−（80万円×みなし仕入率50%）＝40万円が納税額となります。一方、2割特例を適用した場合の納税額は80万円×特例20%＝16万円で済みます。簡単にいってしまえば、みなし仕入率80%の簡易課税と同じです。第1種事業、第2種事業以外は、同特例を適用したほうが納税額を抑えられます。なお、原則課税については、どちらが得になるかはケース次第です。

　2割特例の適用を受けるにあたって、**事前の届出は不要**です。申告時に「2割特例の有無」から選択すれば適用されます。簡易課税の届出済みでも問題ありません。なお、同特例を適用できる課税期間は、**法人は前記期間の属する事業年度、個人事業者なら2023年10月〜12月の申告から2026年分の申告まで**です。

● 簡易課税と2割特例の納税額の比較例

ケース 小規模事業者：売上800万円／売上時に預かった消費税額80万円

簡易課税		2割特例
第1種事業 80万円－(80万円×みなし仕入率90%)＝納税額8万円	＜	
第2種事業 80万円－(80万円×みなし仕入率80%)＝納税額16万円	＝	80万円×特例20%＝納税額**16**万円
第3種事業 80万円－(80万円×みなし仕入率70%)＝納税額24万円	＞	
第4種事業 80万円－(80万円×みなし仕入率60%)＝納税額32万円	＞	
第5種事業 80万円－(80万円×みなし仕入率50%)＝納税額40万円	＞	
第6種事業 80万円－(80万円×みなし仕入率40%)＝納税額48万円	＞	

● 2割特例の対象外になるケース（例）

2割特例を適用できないケース（いずれかに該当）	参照ページ
基準期間または特定期間の課税売上高が1,000万円を超えている	P.20
新設法人の2年目で1年目の前期6ヵ月間（特定期間）の課税売上高が1,000万円を超えている	P.22
課税事業者選択届出書を提出して2年以内に、原則課税で調整対象固定資産の仕入などを行い、3年が経過していない	P.104
原則課税で高額特定資産の仕入などを行ってから3年が経過していない	

まとめ

□ 原則課税、簡易課税以外に特例による計算方法がある

□ 2割特例の事前の届出は不要。申告時に選択

現在の請求書・領収書の形式は
2023年9月で終了する

● 軽減税率制度で始まった区分記載請求書等保存方式

　ご存じのとおり、数年前まで消費税率は8%に統一されていましたが、2019年10月1日の改正により、標準税率（10%）と軽減税率（8%）の複数税率となりました。軽減税率に該当するのは、酒類・外食を除く飲食料品と定期購読の契約をした週2回以上発行される新聞です。

　2つの税率が併存するため、請求書などにどちらの税率に該当するかを明記することが必要になりました。明記されていないと、いくら分の消費税がかかったのか把握できないためです。そこで導入されたのが、**2022年現在の「区分記載請求書等保存方式」**です。それまでの必須の記載である「発行者の氏名または名称」「取引年月日」「取引内容や金額」「宛名」に加えて、「軽減税率の対象商品かどうか」がわかるようにし、さらに税率ごとに合計した「税込み金額」の記載が義務づけられました。

　なお、**「区分記載請求書"等"保存方式」と"等"が入っているのは、請求書だけでなく納品書や領収書などにも、この区分記載が必要**なためです。また、事業者が仕入等にかかった消費税を差し引く（控除する）には、区分記載請求書などとともに、税率の区分を記載した帳簿を付けて、保存しておく必要があります。

　このように消費税の改正は請求書や領収書、帳簿のルールにも影響を及ぼします。**2023年10月からインボイス制度が導入されるにあたり、区分記載請求書等保存方式は同年9月末で終了し、後述**するように、**「適格請求書等保存方式」がスタート**します。

● 消費税と請求書等の記載事項の変遷

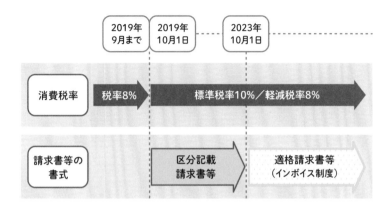

2019年9月まで	2019年10月1日	2023年10月1日

消費税率　税率8%　標準税率10%／軽減税率8%

請求書等の書式　区分記載請求書等　適格請求書等（インボイス制度）

記載項目
❶発行者の氏名または名称
❷取引年月日
❸取引内容
❹取引金額
❺受領者の氏名または名称
❻軽減税率の対象品目である旨の表記
❼税率ごとに区分して合計した対価の額
❽上記❼の適用税率
❾税率ごとに区分した消費税額等
❿登録番号

区分記載請求書等

消費税率8%のときの請求書等

適格請求書等

まとめ

□ 消費税の仕組みが、請求書や領収書にも影響する

□ 区分記載請求書等保存方式はインボイス制度導入で終了

輸出入品の消費税について

　消費税の課税対象となるのは、国内取引と輸入取引（P.17 参照）です。消費税は国内で消費される商品やサービスに対して課税されるため、輸出については免税扱いとなり、消費税がかかりませんが、輸入については消費税の課税対象となります。

　輸入品には関税と消費税が課税されます。輸入品の品名、数量、金額や関税、消費税の金額を記入した輸入申告書を税関長に提出して輸入申告をし、原則的に輸入品を引き取るまでの間に関税と消費税を納付しなければなりません。

　このとき消費税の納税義務を負うのは、輸入品を引き取る側となります。ですから、免税事業者（P.20 参照）であっても、個人事業主ではない一般の個人であっても、輸入品を引き取るときには納税義務者となり、原則として消費税を納めなければなりません。

　事業として品物を輸入する場合の消費税は、標準税率であれば「(CIF 価格＋関税額＋その他内国税額) × 0.1」で計算できます。CIF 価格とは Cost（価格）、Insurance（保険料）、Freight（運賃）から構成される価格のことです。つまり商品の価格に、輸送にかかった費用や保険料を加えた価格を指します。

　よって、輸入品の課税価格としては「CIF 価格＋関税額」となります。課税価格が 1 万円以下の物品については、基本的に免税となりますが、革製のカバン、ハンドバッグ等一部の物品については免税の適用はありません。

　ちなみに関税率は、輸出品の原産国や品目の材質、加工の有無・用途などによって変わるので、各税関などで確認が必要です。

Part

2

新ルールで何が変わる？

押さえておきたい
インボイス制度の基本

仕入税額控除の新ルール
インボイス制度

● 免税事業者の益税をなくし、増収につなげる

2023年10月から開始するインボイス制度は、正式には「適格請求書等保存方式」といいます。**インボイス制度の登録申請を行った業者が発行する「インボイス（＝適格請求書）」でなければ、「売上時に預かった消費税」から「仕入や経費で支払った消費税」を引くこと（＝仕入税額控除）ができなくなる**というものです。仕入税額控除が行えなければ、その分、消費税の納税額が増えます。とはいえ、課税事業者は登録申請をすれば済む話です。では、狙いはどこにあるかというと、対免税事業者です。

Part1「02」（P.19参照）では、消費者が負担した消費税と事業者が納める消費税額は一致していました。これは「すべての事業者が課税事業者」の場合です。ここに免税事業者（P.20、22参照）が加わると話が違います。免税事業者であっても、売上に消費税を乗せることは認められており、**消費者から預かった消費税は自分の利益（＝益税）**にしていいことになっています。右図でいうと、小売業者が消費者から預かった消費税1万円分がこれに当たります。

一方、免税事業者も、仕入等の際には消費税（7,000円）を支払います。ここで課税事業者であれば「預かった消費税10,000円－仕入等にかかった消費税7,000円」＝3,000円を納税することになりますが、免税事業者では益税となるため、国は3,000円分減収となります。そこで後述するように、インボイス制度では、**免税事業者に不利なルールが仕掛けられていて、免税事業者に課税事業者への転換を促す制度**になっているのです。

● 免税事業者がいる場合の消費税の負担

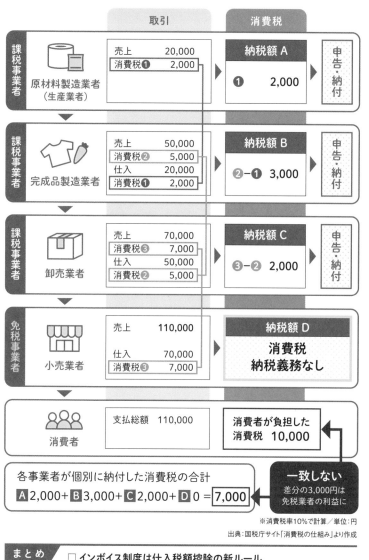

	取引	消費税

課税事業者
原材料製造業者（生産者）
売上　20,000
消費税❶　2,000
納税額 A
❶　2,000
申告・納付

課税事業者
完成品製造業者
売上　50,000
消費税❷　5,000
仕入　20,000
消費税❶　2,000
納税額 B
❷−❶　3,000
申告・納付

課税事業者
卸売業者
売上　70,000
消費税❸　7,000
仕入　50,000
消費税❷　5,000
納税額 C
❸−❷　2,000
申告・納付

免税事業者
小売業者
売上　110,000
仕入　70,000
消費税❸　7,000
納税額 D
消費税
納税義務なし

消費者
支払総額　110,000
消費者が負担した
消費税　10,000

各事業者が個別に納付した消費税の合計
A 2,000+ B 3,000+ C 2,000+ D 0 ＝ 7,000

一致しない
差分の3,000円は
免税業者の利益に

※消費税率10%で計算／単位：円
出典：国税庁サイト「消費税の仕組み」より作成

まとめ

□ インボイス制度は仕入税額控除の新ルール

□ 狙いは免税事業者の課税事業者への転換および納税

33

インボイス制度の請求書には
3つのタイプがある

● 適格請求書、適格簡易請求書、適格返還請求書

　前項でインボイス制度の正式名称は「適格請求書等保存方式」であるとお話ししました。**インボイスとは、この適格請求書のことで、"適格" とは、法律で定められた資格（要件）を満たしていること**を指します。つまり、インボイス制度のルールに則った請求書や領収書等の発行・保存が適格請求書等保存方式ということになります。

　では、適格請求書はどんな要件を満たす必要があるのでしょうか。前提として、適格請求書を発行するには、税務署に適格請求書発行事業者の登録申請をしなくてはなりません（P.36 参照）。そのうえで、従来の区分記載請求書（P.28 参照）の項目に加え、**「適用税率」「税率ごとに区分した消費税額等」「登録番号」を記載**します。

　ただし、小売業や飲食業、タクシー業など不特定多数の人と取引をする事業者には、これよりももっとシンプルな**「適格簡易請求書（簡易インボイス）」**の発行が認められています。簡易インボイスでは「書類の交付を受ける事業者の氏名または名称」が省略できます。レシート（領収書）を想定してもらえればわかりやすいでしょう。また、適格請求書では必要となる税率と消費税額の記載がどちらか1つでよいことになっています。

　このほか、一度売り上げた商品が返品されたときや、売上割引、販売奨励金などが発生したときに発行する**「適格返還請求書（返還インボイス）」**があります。返品や値引きなどの年月日を「〇月中」や「〇月〇日～〇月〇日」のように、一定期間まとめて記載することが認められています。

● 適格請求書に必要な記載事項

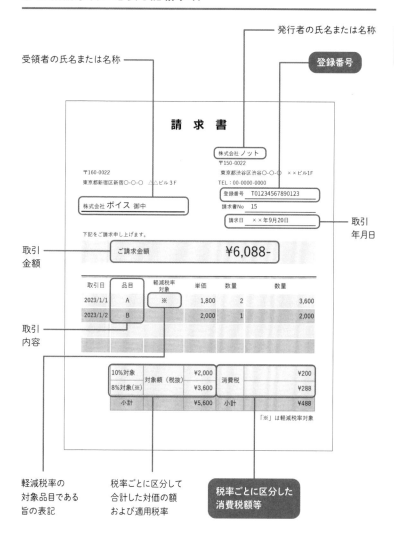

受領者の氏名または名称

発行者の氏名または名称

登録番号

請 求 書

株式会社 ノット
〒150-0022
東京都渋谷区渋谷〇-〇-〇　××ビル1F
TEL：00-0000-0000
登録番号　T01234567890123
請求書No　15
請求日　××年9月20日

〒160-0022
東京都新宿区新宿〇-〇-〇　△△ビル3F

株式会社 ボイス 御中

下記をご請求申し上げます。

| ご請求金額 | ¥6,088- |

取引年月日

取引金額

取引日	品目	軽減税率対象	単価	数量	数量
2023/1/1	A	※	1,800	2	3,600
2023/1/2	B		2,000	1	2,000

取引内容

10%対象	対象額（税抜）	¥2,000	消費税	¥200
8%対象(※)		¥3,600		¥288
小計		¥5,600	小計	¥488

「※」は軽減税率対象

軽減税率の対象品目である旨の表記

税率ごとに区分して合計した対価の額および適用税率

税率ごとに区分した消費税額等

まとめ

□ 不特定多数の人と取引をする業種は「適格簡易請求書」でOK

□ 割引、返品、販売奨励金には「適格返還請求書」を発行

インボイス制度の登録申請を
「する」「しない」は事業者の任意

● 適格請求書発行事業者になることがデメリットになる場合も

　インボイス制度が始まるからといって、必ずしも適格請求書発行事業者の登録申請をしなければならないわけではありません。**登録はあくまでも任意**です。

　ただし、売上先が原則課税を行っている場合、こちらの発行する請求書が適格請求書でないと、「売上時に預かった消費税」から「仕入や経費で支払った消費税」を控除できません。その分、**売上先の消費税額の負担が増えることになるため、適格請求書発行事業者になることを求められる**でしょう。

　一方で、**適格請求書発行事業者になると、デメリットが生じる場合もあります**。たとえば、免税事業者の場合、適格請求書発行事業者になることは、課税事業者になることであり、消費税の申告納税が必要になります。それに伴い、経理業務も大幅に増加します。

　同様に年度や期によって、課税事業者と免税事業者を行ったり来たりしている事業者も注意が必要です。適格請求書発行事業者になってしまうと、登録の取消し手続きをしない限りは免税事業者に戻ることができません。

　毎期ほぼ確実に課税事業者の場合は、原則、適格請求書発行事業者の登録をすることで被るデメリットはありません。それよりも、適格請求書発行事業者の登録を忘れて、適格請求書を発行できずに売上先が仕入税額控除を行えなくなる期間が生じることのほうが心配されます（P.40参照）。簡易課税を採用している場合も、早めに登録を済ませてしまうことをお勧めします。

● インボイス制度の導入で変わる事業者の区分

インボイス制度 導入前

課税事業者	免税事業者

▼ ▼

消費税の納税義務 **あり**	消費税の納税義務 **なし**

BEFORE

インボイス制度 導入後

適格請求書 発行事業者	適格請求書 発行事業者 でない 課税事業者	免税事業者

▼ ▼ ▼

消費税の納税義務 **あり**	消費税の納税義務 **あり**	消費税の納税義務 **なし**

AFTER

まとめ

□ 適格請求書発行事業になるかどうかは事業者の判断による

□ 継続的に課税事業者である可能性が高い場合は早めに登録を

インボイス発行事業者になると
国税庁のサイトに登録・公表される

● インボイス発行事業かどうか検索できるようになっている

　インボイスの発行事業者として登録すると、税務署による審査を
クリアして登録された日の翌日から、**国税庁の「適格請求書発行事
業者公表サイト」**（https://www.invoice-kohyo.nta.go.jp/）
に名称や登録番号、登録年月日のほか、法人は所在地が公表されま
す。

　同サイトから請求書等に記載されている登録番号で検索すると、
本当に適格請求書発行事業者であれば、前記の情報が表示されるた
め、**適格請求書の発行者が仕入税額控除できる請求書かどうかを確
認**できます。適格請求書発行事業者の登録の取消や抹消後も、7年
間は情報が公表されます。ちなみに、氏名等から検索できないのは、
同姓同名などによるトラブルを防ぐためです。

　個人事業主は一つ注意があります。**本名または住民票に記載され
ている旧姓や外国人の通称のいずれかが必ず公表される**点です。そ
のため、屋号や芸名、ペンネームなどで普段仕事をしている人は本
名を知られることになります。屋号やペンネームは申請すれば併記
はできますが、代わりに本名等を非公表にすることはできません。
なお、個人事業主の住所については、本人が申請しない限り、公表
されません。自宅を事務所にしている人も、同サイトから住所を直
接知られることはありません。

　屋号等の併記や住所の公表を望む場合は、インボイス登録時（も
しくは登録後）に**適格請求書発行事業者の公表（変更）申出書**を提
出します。

● 適格請求書発行事業者公表サイトの使い方

〈トップ画面〉

国税庁　インボイス制度　適格請求書発行事業者公表サイト

本文へ　閲覧支援ツール（音声読み上げ）　サイトマップ

文字サイズ ＋ 大きく　元に戻す − 小さく

ホーム（登録番号を検索）	お知らせ	ご利用ガイド	ダウンロードWeb-API	登録番号とは	よくある質問

重要なお知らせ
登録申請書を提出してから登録の通知を受けるまでの期間については、登録申請書の提出状況などにより異なります。
現在の通知までの期間の目安については、こちらでご案内しております。

このサイトでは、適格請求書発行事業者登録を行っている事業者の情報を公表しています。　法人番号を検索したい場合はこちら ＞

🔍 登録番号を検索する

登録番号（"T"を除く13桁の半角数字）を入力して「検索」ボタンを押すと、検索結果が表示されます。一度に10件まで検索することができます。
検索方法について調べたい場合は、「ご利用方法について」を押してください。

＞ ご利用方法について

登録番号

T 1234567890123　0桁

登録番号でまとめて検索する ＋

（検索）　　　　（クリア）

登録番号を入力
※10件までまとめて検索可能

〈検索結果〉

技術　太郎の情報
最新情報
登録番号
T1111111111111
氏名又は名称
技術　太郎
登録年月日
令和5年10月1日
主たる屋号
ピープル
最終更新年月日
令和3年11月12日
履歴情報
No.1　　・適格請求書発行事業者登録日　令和5年10月1日新規

屋号の併記も可能 ——

まとめ
□ 適格請求書発行事業者かどうかは登録番号で確認できる
□ 個人事業主は本名が公表されることに注意

免税事業者からの仕入は
事業者の納める消費税額が増える

● 仕入税額控除ができない分、事業者の負担増に

　P.36でも触れましたが、仕入先の事業者が適格請求書発行事業者の登録をしていないと、受け取った請求書は仕入税額控除を受けられる適格請求書として認められません。

　右図は、課税事業者である工務店が仕入先（外注先）の大工職人に業務を発注したケースです。この大工職人が適格請求書発行事業者だった場合、工務店が支払った330万円のうちの消費税分の30万円は仕入税額控除とすることができます。つまり、消費者から預かった消費税100万円から30万円を差し引けるため、工務店の納税額は70万円で済みます。

　ところが、**大工職人が免税事業者だった場合、適格請求書を発行できないため、工務店は仕入税額控除を受けられません。**そのため、消費者から預かった消費税100万円をすべて納税しなければならなくなります。つまり、工務店の税負担は適格請求書発行事業者を仕入先とした場合より、30万円増えることになります。

　実際には、制度の変更による影響を軽減するため、いきなり**2023年10月から免税事業者に支払った消費税がまるまる仕入税額控除できなくなるわけではなく、3年ごとに段階を経て、少しずつ控除額を減らしていく経過措置**がとられています。

　そのため、インボイス制度が導入されてすぐに大きな影響が出るわけではありませんが、いずれは完全に仕入税額控除を受けられなくなるため、課税事業者は免税事業者である外注先の扱いをどうするか、今のうちから検討しておいたほうがいいでしょう。

▶ 仕入先（外注先）が免税事業者の場合の納税額

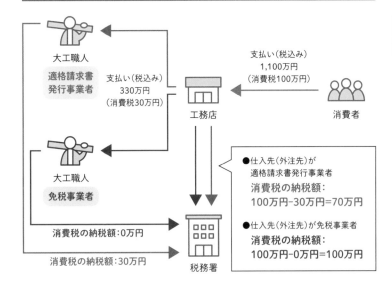

▶ 免税事業者に支払った消費税に対する経過措置

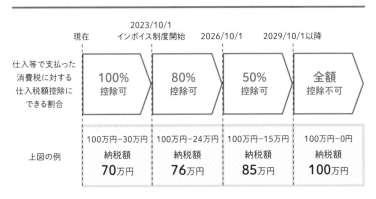

まとめ

☐ 適格請求書でなければ、仕入税額控除の対象にならない

☐ 2029年9月までは段階的に控除額を減らす経過措置がある

免税事業者のままだと
取引を打ち切られる可能性大

● 負担増を避けるため、適格請求書発行事業者への切り替えも

　繰り返しになりますが、適格請求書発行事業者ではない事業者が発行する請求書は、消費税の仕入税額控除の対象とはなりません。その分、発注元である課税事業者が負担する消費税額が増えてしまいます。**消費税率が10％だとすれば、ほぼ1割仕入値がアップするのと同じです。**

　こうした事態を避けるため、発注元は**免税事業者やインボイス制度への未登録事業者との取引をやめ、適格請求書発行事業者への切り替えを進める**ことになると予想されます。特別な技術やサービスを提供する事業者はともかく、ほかの適格請求書発行事業者で代替が利くなら、免税事業者との取引を継続する必要性はありません。

　もしくは**免税事業者に対して、値下げを要求**することになるかもしれません。免税事業者に支払ってきた消費税分を値引きしてもらえば、消費税の納税額が増える分を基本的には相殺できます。ただし、強引な値下げは独占禁止法や下請け法などにおける「優越的地位の乱用」に当たる可能性があります。そのため、まずは適格請求書発行事業者になることが要求され、拒絶された場合には前述のとおり、取引を打ち切る流れに進むでしょう。

　免税事業者にとっては、適格請求書発行事業者になれば、益税（P.32参照）を失うことになる一大事です。とはいえ、P.58でお話しするような一部のケースを除いて、免税事業者でいることは難しくなります。その日に備え、今から資金繰りなどの計画的な準備を進めていきましょう。

● 課税事業者から見た仕入業者への支払い（支払額110万円のケース）

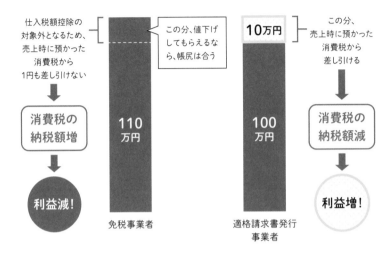

仕入税額控除の対象外となるため、売上時に預かった消費税から1円も差し引けない

この分、値下げしてもらえるなら、帳尻は合う

10万円

この分、売上時に預かった消費税から差し引ける

消費税の納税額増

110万円

100万円

消費税の納税額減

利益減！

免税事業者

適格請求書発行事業者

利益増！

● 課税事業者の免税事業者への対応

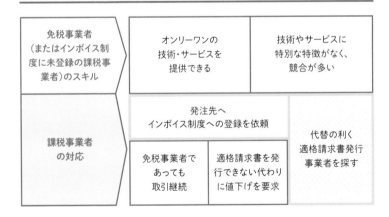

免税事業者 （またはインボイス制度に未登録の課税事業者）のスキル	オンリーワンの技術・サービスを提供できる	技術やサービスに特別な特徴がなく、競合が多い
課税事業者の対応	発注先へインボイス制度への登録を依頼	代替の利く適格請求書発行事業者を探す
	免税事業者であっても取引継続 ／ 適格請求書を発行できない代わりに値下げを要求	

まとめ
□ 免税事業者は発注先として除外される可能性が高い
□ インボイス制度への登録を前提に、今から準備を進めておく

飲食店やタクシー等の領収書も
"適格"でなければ控除できない

● インボイスに未登録の業者は売上減少の可能性も

　タクシーや飲食店、小売店などの領収書やレシートも、適格請求書発行事業者が発行した適格簡易請求書（P.34参照）でなければ、仕入税額控除を受けることができなくなります。ただし、経過措置として税込1万円未満の支払いについては適格簡易請求書の保存なしでも、帳簿へ記載していれば仕入税額控除を受けられるケースがあります（P.48参照）。

　誤解しやすいのですが、**適格簡易請求書でなくても、会社の経費（費用）にできなくなるわけではありません**。会社の経費として精算すれば、会社の所得および法人税を減らす効果はインボイス制度の導入後も同じです。あくまで原則課税の場合に仕入税額控除の対象から外れ、**消費税の納税額を減らす効果はなくなる**ということです。

　仕入税額控除を受けられないと納税額が増えることから、原則課税の会社の中には、「適格請求書発行事業者の利用」を通達するところもあるかもしれません。こうした動きが強まると、インボイス制度に未登録の飲食店などのうち**ビジネス利用客の多いところは、来客者が減って売上の減少を招く**ことも考えられます。

　また、タクシー会社はどこも、インボイス制度に登録して、適格請求書発行事業者になるはずですが、個人タクシーはそれぞれです。お客側からすれば、実際に領収書をもらうまで適格請求書発行事業者かどうかわからないため、乗車を敬遠することも考えられます。「インボイス制度登録済み」などのステッカーを独自に作成し、車体に張ってアピールするような工夫が必要になるかもしれません。

● 適格簡易請求書の3つのパターン

適格簡易請求書とは?
適格請求書に必要な記載項目から「購入者の氏名・名称」と、「税率ごとに区分した消費税額等」か「適用税率」のどちらか一方を省略したもの。

1

スマイルグッド
TEL:03-1234-5678
登録番号T1111111111111

領収書

発行日 20XX/10/30

商品XY001※	¥ 1,080
商品ZW003※	¥ 2,160
商品01234	¥ 5,500
8%対象(税込)	¥ 3,240
10%対象(税込)	¥ 5,500
合計	¥ 8,740
お預り	¥ 10,000
お釣り	¥ 1,260

※は軽減税率8%適用商品

〈記載例〉

❶適用税率のみ記載
　(「購入者名」と「税率ごとに区分した
　消費税額等」を省略)

❷税率ごとに区分した消費税額等のみ記載
　(「購入者名」と「適用税率」を省略)

❸適用税率も消費税額も記載
　(「購入者名」のみ省略)

2

スマイルグッド
TEL:03-1234-5678
登録番号T1111111111111

領収書

発行日 20XX/10/30

商品XY001※	¥ 1,080
商品ZW003※	¥ 2,160
商品01234	¥ 5,500
小計1	¥ 3,240
(うち消費税額	¥ 240)
小計2	¥ 5,500
(うち消費税額	¥ 500)
合計	¥ 8,740
お預り	¥ 10,000
お釣り	¥ 1,260

※は軽減税率8%適用商品

3

スマイルグッド
TEL:03-1234-5678
登録番号T1111111111111

領収書

発行日 20XX/10/30

商品XY001※	¥ 1,080
商品ZW003※	¥ 2,160
商品01234	¥ 5,500
8%対象	¥ 3,240
(うち消費税額	¥ 240)
10%対象	¥ 5,500
(うち消費税額	¥ 500)
合計	¥ 8,740
お預り	¥ 10,000
お釣り	¥ 1,260

※は軽減税率8%適用商品

まとめ
- ☐ 適格簡易請求書でなくても、経費としては扱える
- ☐ 発行事業者かどうかが店選びの基準になる可能性も

仕入税額控除に適格請求書や
適格簡易請求書が不要なケース

▶ 3万円未満の交通費や従業員の出張旅費、古物営業など

従来、税込3万円未満の仕入は領収書がなくても仕入税額控除が認められていました。しかし、インボイス制度導入後はこの特例がなくなります。ただし、右図のとおり、**適格請求書等がなくても仕入税額控除が認められる取引があります。**

たとえば、**税込3万円未満の公共交通料金**については、適格請求書なしで仕入税額控除を受けられます。注意したいのは金額の基準です。1人分の新幹線料金1万3,000円分の支払時には不要ですが、3人分をまとめて支払った場合には1万3,000円×3人=3万9,000円となるため、適格請求書等が必要になります。

また、古物営業の免許を持っている事業者がモノや自動車を買い取ったり、宅地建物取引業を営む者（不動産会社等）が不動産を取得したりするケースでは、適格請求書発行事業者でない一般の人が相手であることも珍しくありません。こうした**特定の事業者が一般の人から仕入**をする場合には、適格請求書等は必要ありません。

郵便切手を貼ってポスト投函した郵便・貨物も、適格請求書等が発行されないため不要です。**自動販売機や自動サービス機から税込3万円未満の商品を購入**した場合も、適格請求書等は不要です。

このほか、**企業が従業員に支給する出張旅費や宿泊費、日当や通勤手当**などは、これまでも社内規定に基づく適正な金額であれば、課税仕入（消費税の課税取引の要件を満たす仕入取引）として扱われてきました。インボイス制度の開始後も、適格請求書等なしで仕入税額控除を受けられます。

● 適格請求書等がなくても仕入税額控除が認められるもの

税込3万円未満の公共交通機関(船舶、バスまたは鉄道)による旅客の運送(飛行機は対象外)

入場券など証拠書類が使用の際に回収される取引

古物営業を営む者による、適格請求書発行事業者でない者からの古物(棚卸資産)の購入

質屋を営む者による、適格請求書発行事業者でない者からの質物(棚卸資産)の取得

宅地建物取引業を営む者による、適格請求書発行事業者でない者からの建物(棚卸資産)の購入

適格請求書発行事業者でない者からの再生資源または再生部品(棚卸資産)の購入

自動販売機および自動サービス機からの税込3万円未満の商品の購入

郵便切手類のみを対価とする郵便・貨物サービス(郵便ポストに投函されたものに限る)

従業員に支給する通常必要と認められる出張旅費等(出張旅費、宿泊費、日当および通勤手当)

まとめ

□ 交通費の適格請求書の要・不要は、支払金額の合計で判断

□ 飛行機代は対象外なので、領収書等が必要

税込1万円未満の課税仕入では
適格請求書が不要になる経過措置あり

● 少額の課税仕入は帳簿への記載のみで控除可能

　前項でお話ししたとおり、インボイス制度の導入によって、仕入税額控除を受けられるのは、基本的に適格請求書あるいは適格簡易請求書のみが対象です。適格請求書等は発行する側、受け取る側の双方に保存が義務づけられています（P.114参照）。

　しかし、少額の取引についてまで適格請求書等であるかを確認し、発行・保存するのは、事務作業の負担が大幅に増します。そこで、経過措置として、2023年10月1日から2029年9月30日までの間に日本国内で行う**税込1万円未満の課税仕入については、適格請求書等の保存がなくても、帳簿への記載があれば、仕入税額控除を受けられる**ようになっています（＝**少額特例**）。

　つまり、当分の間は消耗品や飲食など一般的な経費の領収書も含め、税込1万円未満の課税仕入については適格請求書等であるかどうかを確認する必要がないということです。また、支払額が1万円以上にならないことが確実な場合は利用する店を選ぶ際などにも、適格請求書発行事業者であるかどうかを気にせずに済みます。

　ただし、**対象となる事業者には制限があります**。基準期間における課税売上高が1億円以下、もしくは基準期間における課税売上高が1億円超でも、前年または前事業年度開始の日から6カ月間の課税売上高が5,000万円以下である事業者が対象です。

　なお、同特例を受けるため、1回の会食費や1つの商品に対する領収書を、1万円以上にならないように複数枚に分けてもらうのは、割り勘などの場合を除いて課税逃れと認定される可能性があります。

● 1万円未満の課税仕入での領収書等の取り扱い

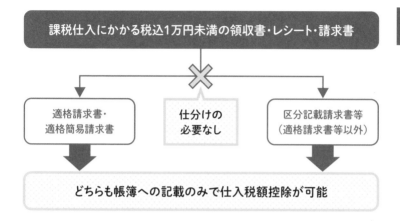

課税仕入にかかる税込1万円未満の領収書・レシート・請求書

適格請求書・
適格簡易請求書

仕分けの
必要なし

区分記載請求書等
（適格請求書等以外）

どちらも帳簿への記載のみで仕入税額控除が可能

● 「少額特例の対象事業者」判定チャート

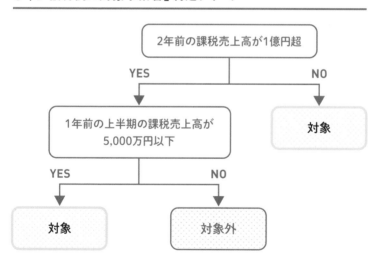

2年前の課税売上高が1億円超

YES　　　　　　　　　　　　　　NO

1年前の上半期の課税売上高が
5,000万円以下

対象

YES　　　　　　　　　　　　　　NO

対象

対象外

まとめ
□ 対象事業者は1万円未満の領収書等の処理はいままでどおり
□ インボイス制度に登録以前からの課税事業者も対象

農協、漁協、森林組合は
インボイス制度の対象外

● 農協などを通せば、生産者は免税事業者のままでもOK

　農協や漁協、森林組合は、農家や漁師などの生産者から委託されて、彼らの代行として購入者に請求書などの書類を発行しています。これらの書類は**生産者が発行したものではありませんが、適格請求書と同じ効力がある**とみなされます。したがって、**生産者が免税事業者であっても、購入者は仕入税額控除を受けられます。**

　ただ、このときに注意しておきたいのは、生産者である委託者と農協などの受託者が、「**無条件委託方式・共同計算方式によって、生産者を特定せずに販売を委託した場合**」に限って、仕入税額控除の要件が認められる点です。

　無条件委託方式とは、生産者が売値や出荷時期、出荷先などの条件を付けずに販売を委託すること。共同計算方式とは、日にちや市場によって価格が変わる生産物を、一定の期間内で種類や品質、等級などの区分ごとに平均価格で計算し精算する計算方式のことです。生産者は安定的な収入を得られるメリットがあります。

　この2つの要件を満たせば、生産者が免税事業者であっても、購入者は仕入税額控除を受けることができます。

　問題は、農協などの受託者を通さない取引です。最近では、インターネットなどを通じて直販したり、飲食店などと契約して直に生産物を販売したりする生産者も増えてきました。

　このような**直販等のケースでは、生産者が免税事業者の場合、適格請求書を発行できないため、購入者は仕入税額控除を受けることができません。**

● 「直販」と「農協などを通した販売」との仕入税額控除の扱いの違い

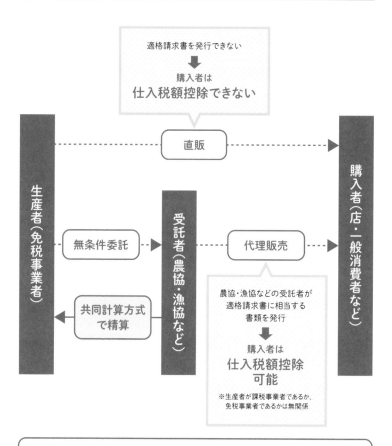

適格請求書を発行できない

↓

購入者は
仕入税額控除できない

直販

生産者（免税事業者）

無条件委託

受託者（農協・漁協など）

共同計算方式で精算

代理販売

農協・漁協などの受託者が
適格請求書に相当する
書類を発行

↓

購入者は
**仕入税額控除
可能**

※生産者が課税事業者であるか、
免税事業者であるかは無関係

購入者（店・一般消費者など）

生産者が免税事業者であっても、農業協同組合、漁業協同組合または森林組合などが発行する
適格請求書に相当する書類で購入者が仕入税額控除を受けられるのは特例。一般の代理販売
で、購入者が仕入税額控除を受けるには、生産者の登録番号が必要になる。

まとめ　　□ 要件を満たす農協などの受託者を通せば、生産者が免税事業者
であっても購入者は仕入税額控除を受けられる

インボイス制度の
開始スケジュールと必要な準備

● 実質的には制度開始ぎりぎりになっても登録できる

インボイス制度の導入、すなわち適格請求書発行事業者になるための登録申請は、2021年10月1日から始まっています。**インボイス制度が開始する2023年10月1日に合わせて、適格請求書発行事業者になるには、原則として2023年3月31日までに**、納税地を所轄する税務署長に登録申請書を提出する必要があります。

ただし、**2023年4月1日以降の申請になった場合でも、2023年9月30日までに提出すれば、10月1日から適格請求書発行事業者**になることができます（令和5年度税制改正前までは、申請が2023年4月1日以降になった場合には、登録申請書に申請が遅れた事情を記載する必要がありましたが、現在は不要になっています）。

もちろん、**2023年10月1日以降も登録申請をすれば、適格請求書発行事業者になれます**。ただし、承認が下りるのに2週間前後を必要とします。申請にあたっては、「適格請求書発行事業者の登録申請書」に必要事項を記入して、自分の地域を管轄する「インボイス登録センター」に郵送するか、e-Taxから手続きを行います。

なお、適格請求書発行事業者になれるのは、課税事業者に限られるため、免税事業者は本来、適格請求書発行事業者の登録申請に先立って「消費税課税事業者選択届出書」を提出する必要があります。ただし、2023年10月1日〜2029年9月30日に登録を受ける場合（登録申請はそれ以前でも可）は経過措置として、同届出を省略できます（P.22参照）。**適格請求書発行事業者の申請により、自動的に課税事業者として登録**されます。

● インボイス制度開始前の登録期限

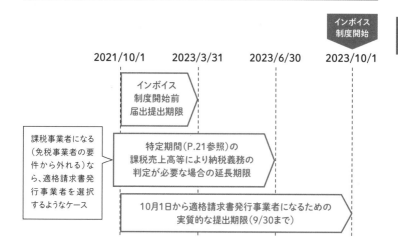

インボイス制度開始

2021/10/1　2023/3/31　2023/6/30　2023/10/1

インボイス制度開始前届出提出期限

課税事業者になる（免税事業者の要件から外れる）なら、適格請求書発行事業者を選択するようなケース

特定期間（P.21参照）の課税売上高等により納税義務の判定が必要な場合の延長期限

10月1日から適格請求書発行事業者になるための実質的な提出期限（9/30まで）

● 適格請求書発行事業者の登録申請の流れ

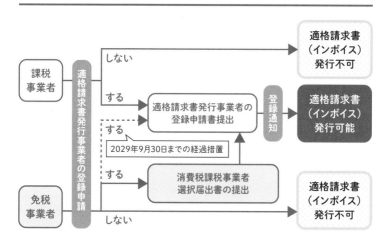

課税事業者

適格請求書発行事業者の登録申請

しない → 適格請求書（インボイス）発行不可

する → 適格請求書発行事業者の登録申請書提出 → 登録通知 → 適格請求書（インボイス）発行可能

する → 2029年9月30日までの経過措置

免税事業者

する → 消費税課税事業者選択届出書の提出 → 適格請求書（インボイス）発行不可

しない → 適格請求書（インボイス）発行不可

まとめ

□ 制度の開始前に登録を済ませるなら、なるべく早めの申請を

□ 経過措置期間は「消費税課税事業者選択届出書」が不要

加速化する電子インボイスへの流れ

　電子インボイスという言葉を耳にしたことのある人は多いと思います。本書ではメール等でやり取りされる PDF 化した請求書等を電子データと呼んでいますが、これらも広義では電子インボイスに含まれます。

　一方で、狭義では、請求書などの電子文書をネットワーク上でやり取りするためのグローバルな標準仕様である Peppol（ペポル／ Pan European Public Procurement Online）にもとづく電子データのやり取りのことを指します。

　Peppol は欧州を中心に 30 カ国以上が採用している規格で、日本では、2020 年 7 月に「デジタルインボイス推進協議会（旧電子インボイス推進協議会）」（EIPA）が発足し、国との連携の下、業務システムベンダーが中心となって、日本国内の事業者が適格請求書等の発行・受領にあたり、共通して利用できる電子インボイス・システムの構築を進めています。

　Peppol が普及した場合、PDF でのやり取りと何が変わるかというと、画像としてではなく、適格請求書等に記載されているデータ自体をコンピュータが読み取れるようになるため、登録番号の確認から各請求書等の分類作業、さらには仕入税額控除の計算まで自動化されるなど、経理事務の負担の軽減や効率化が期待されることです。

　現在では、クラウド型の会計ソフトでは、自分の帳簿に通帳のデータを自動で読み込む機能が当たり前になっていますが、同様に企業だけでなく個人ユーザーにおいても、会計ソフトの提供企業を通じて Peppol ネットワークにつながる日が訪れるでしょう。

Part

3

Q&Aでわかる

インボイス制度への
対応の判断ポイント

免税事業者が"適格"になると
消費税の納税義務はいつから発生?

● 制度開始後は期中でも登録日から納税義務が発生

　P.52でお話ししたとおり、インボイス制度が開始となる2023年10月1日に合わせて適格請求書発行事業者になるには、2023年9月30日までに登録申請書を提出すれば、間に合います。

　では、免税事業者が上記期間内に適格請求書発行事業者の登録申請した場合、いつから課税事業者の扱いとなり、消費税の納税義務が発生するのでしょうか。答えは、**2023年1月から9月30日までは免税事業者のまま納税義務はなく、2023年10月1日のインボイス制度スタートと同時に消費税の課税事業者**となります。

　たとえば、個人事業主は毎年1月1日から12月31日までが課税期間となっていますが、2022年中に適格請求書発行事業者の登録申請した場合でも、消費税の課税事業者になるのは2023年1月1日からではなく、2023年10月1日からです。2023年9月30日に登録申請した場合も、同じく10月1日から課税事業者となります。それまでは免税事業者のままです。

　ですから、インボイス制度のスタートに合わせて適格請求書発行事業者になる予定の免税事業者は、登録申請を済ませてしまったほうがいいでしょう。

　なお、**インボイス制度開始後となる2023年10月1日～2029年9月30日に免税事業者が登録申請する場合は、消費税の納税義務が発生するのは登録申請した日ではなく、登録日から**となります。申請書に記載する登録希望日は覚えておきやすい切りのよい日付にすることをお勧めします。

● 免税事業者が適格請求書発行事業者になったときの納税義務の発生日

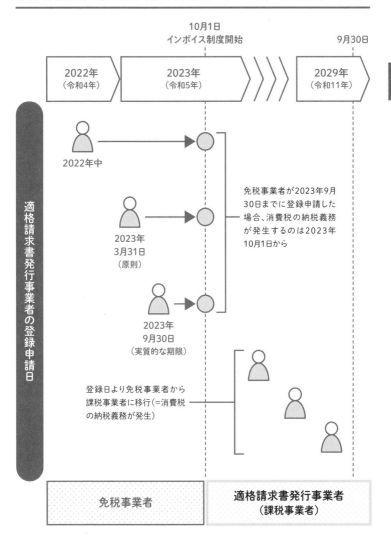

10月1日
インボイス制度開始

9月30日

2022年
（令和4年）

2023年
（令和5年）

2029年
（令和11年）

適格請求書発行事業者の登録申請日

2022年中

2023年
3月31日
（原則）

2023年
9月30日
（実質的な期限）

免税事業者が2023年9月
30日までに登録申請した
場合、消費税の納税義務
が発生するのは2023年
10月1日から

登録日より免税事業者から
課税事業者に移行（＝消費税
の納税義務が発生）

免税事業者

適格請求書発行事業者
（課税事業者）

まとめ　□ 免税事業者が適格請求書発行事業者になっても、
消費税の納税義務が発生するのは2023年10月1日から

適格請求書発行事業者の申請を
しないほうがいい事業者もいる？

● 消費税の納税負担と事務手続き増を考慮して判断

　売上先（買手）が適格請求書を望むのは、原則課税（P.24参照）で仕入税額控除を受ける場合に必要だからです。見方を変えれば、売上先が原則課税でないところばかりであれば、売手側が適格請求書発行事業者になる意味はなくなります。

　BtoBでは、適格請求書を必要とするところが多いでしょう。もちろん、**売上先がすべて簡易課税**(P.24参照)**を採用していれば、適格請求書発行事業者になる必要はありません**。しかし、原則課税のところが一社でもあれば、その会社との取引は停止になる可能性があります。また、新規顧客を開拓するような場合にも不利になることは否めません。

　一方、売上先が一般消費者中心の飲食店や小売店、タクシー業など**BtoC事業者では、適格請求書発行事業者の登録申請をするかどうかは各事業の実態で判断**します。たとえば、高級レストランや料亭など、会社の接待などで利用されることが多ければ、適格請求書発行事業者になるかどうかの検討が必要です。

　逆に同じ飲食店でも、立ち食い蕎麦屋のような業態の場合、適格請求書(適格簡易請求書)を求められることはほとんどないでしょう。さらに免税事業者であれば、むしろ適格請求書発行事業者になると、益税（P.32参照）を得られなくなるぶん損をします。

　このように登録申請をするか否かは、**適格請求書を発行できない場合にどれくらい売上や利益に影響するかを中心に、経理作業の負担や将来展望なども考え合わせて判断**しましょう。

● 「適格請求書発行事業者に登録するメリット」判定チャート

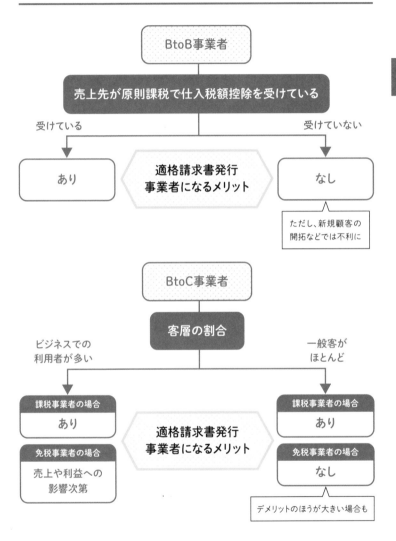

BtoB事業者

売上先が原則課税で仕入税額控除を受けている

受けている → あり

受けていない → なし

適格請求書発行事業者になるメリット

ただし、新規顧客の開拓などでは不利に

BtoC事業者

客層の割合

ビジネスでの利用者が多い

一般客がほとんど

課税事業者の場合 → あり

免税事業者の場合 → 売上や利益への影響次第

課税事業者の場合 → あり

免税事業者の場合 → なし

適格請求書発行事業者になるメリット

デメリットのほうが大きい場合も

まとめ

□ 取引先がBtoBか、BtoCかで判断が分かれる

□ 免税事業者は益税がなくなり消費税の納税義務が発生する

適格請求書発行事業者は必ず
適格請求書を発行しなければならない?

● 求められたときだけ発行すればOK

　適格請求書発行事業者になったら、必ず適格請求書を発行しなければならないかというと、そうではありません。**これまでの区分記載請求書**(P.28 参照)**と併用して、"求められたとき"にだけ発行す**る形でも OK です。

　とはいえ、**BtoB の事業者であれば、適格請求書で統一してしまっ**たほうが楽でしょう。区分記載請求書と適格請求書を併用した場合、間違った種類の請求書を発行してしまうこともあり得ますし、請求書の控えの管理でもミスが起こる可能性が出てきます。

　BtoC の事業者については、売上先すなわち顧客にどれくらいビジネス利用者が含まれるかによります。たとえば、文房具や工具の通販など、一般消費者を対象にしていても、法人や個人事業主からの注文が多く含まれる事業では、適格請求書で統一したほうが、面倒がありません。これまでの区分記載請求書を送付した場合、ビジネスでの利用者からのリクエストに応えて、適格請求書を再発行して郵送などし直すのは、人手、時間、コストの無駄です。

　一方、同じ BtoC でも、顧客から適格請求書を求められることの少ない飲食店や小売店などでは、前述の "求められたとき" にだけ発行する形で対処してもいいでしょう。適格簡易請求書 (P.34 参照)を発行するために、わざわざレジなどを買い替えなくても大丈夫です。**レシートに「税率ごとに区分した消費税額等の合計」と「登録番号」を手書きで追加すれば、適格請求書として認められます。**登録番号についてはあらかじめハンコを用意しておいてもいいでしょう。

● インボイス制度の開始によって領収書の扱いはどう変わる？

	開始前		開始後
仕入税額控除を受ける	登録番号のない領収書でも受けられる		適格請求書または適格簡易請求書の要件を満たしていないと受けられない
	税込3万円未満の場合、領収書がなくても受けられる		税込3万円未満でも、適格請求書または適格簡易請求書が必要 ※鉄道運賃、自販機で購入した商品などの一部例外を除く
記載に不備がある	領収書を受け取った側で修正してOK		些細な不備でも、発行者側の再発行が必要
収入印紙の要件	【変更なし】 インボイス制度が導入されても、印紙税法はそのまま適用。これまでどおり、金額が5万円以上100万円以下の場合は200円、100万円超200万円以下の場合は、400円の収入印紙が必要		

まとめ
- □ 適格請求書は、求められたら発行すればOK
- □ 手書きでも、ハンコでも、要件を満たしていれば認められる

受け取った適格請求書が本物か どうかは簡単に確認できる?

● 国税庁の「適格請求書発行事業者公表サイト」で確認できる

　万が一、仕入先から受け取った適格請求書が偽造されたものだったとしたら、当然、その分の仕入税額控除を受けることはできません。**免税事業者が益税の権利を保持したまま、適格請求書発行事業者のふりをして取引を成立させるために、適当な登録番号を記載してくる**可能性はゼロとはいえません。特に初めての取引先や取引実績の少ない相手には注意が必要です。

　受け取った適格請求書の真偽を確かめるには、P.38 でお話しした、**国税庁の「適格請求書発行事業者公表サイト」にアクセスし、登録番号から検索して確認**するしかありません。なかには他意はなく、登録番号を誤って記載するケースもあります。そうなると、受け取った請求書はすべて確認する必要が出てきます。もちろん、すべて確認するのに越したことはありませんが、人員的に厳しい事業者も多いはずです。偽造や間違いを発見して得られる仕入税額控除より、人件費のほうが高くつくことも考えられます。

　そこで、**「適格請求書の真偽の確認は一定以上の金額に限る」「仕入実績3回目までの業者は確認」など社内でラインを決めておく**のもいいでしょう。ただし、あくまで次善策であって、少額の経費だからといって、税務署のチェックが入らないわけではありません。

　また、新しい取引先から一定以上の金額の仕入を行うときには、「事前に登録番号を申告してもらい、登録事業者かを確認したうえで、取引を開始する」などのルールを決めておくと、仕入後に未登録であることが判明してトラブルになる事態を避けられます。

● 適格請求書の偽造に伴う罰則

❶登録番号を捏造した請求書を売上先に発行した場合

> 1年以下の懲役または50万円以下の罰金。

❷仕入側が偽造を把握しながら仕入税額控除を行った場合

> 税務調査時に重加算税(通常35%)が課されることも。

❸仕入側が偽造を知らずに仕入税額控除を行った場合

> 仕入側が登録番号の確認を怠ったとして、追徴課税を取られる可能性が高い。

❹仕入側が区分記載請求書を偽造して適格請求書を装い、仕入税額控除を行った場合

> 悪質な場合、脱税や私文書偽造の罪で刑事罰に問われることも。

登録番号など記載内容の間違いに気づいたら?

受け取った適格請求書に誤りや不備を見つけた場合に、受け取った側が勝手に修正することは許されません。必ず発行側に修正してもらう必要があります。発行側は修正に応じることが法律で定められています。

まとめ

☐ 適格請求書発行事業者公表サイトで登録の有無は確認できる

☐ 社内で登録確認の基準(取引金額等)を決めておくとよい

電子で受け取った適格請求書の
保存方法の手間は?

●システム投資しなくても、工夫すれば対応可能

　請求書などのやり取りを、紙ベースから電子データに移行する事業者が増えてきました。インボイス制度の導入で、電子化が一気に進む可能性があります。

　消費税法上は書面での保存が原則になっていますが、適格請求書を電子データで受け取った場合は、そのまま電子データで保存すれば問題ありません。ただし、**改正電子帳簿保存法に沿って保存**する必要があります。電子データの保存要件は主に3つです。

　①改ざん防止のための措置をとる

　②「日付・金額・取引先」で検索できるようにする

　③視覚で確認が可能な装置の備え付け

　①は**タイムスタンプの導入**などが考えられますが、これにはシステム投資が必要になります。なるべくお金をかけたくないのであれば、**改ざん防止のための事務処理規定を定める**のでも構いません。国税庁のサイト（https://www.nta.go.jp/law/joho-zeikaishaku/sonota/jirei/0021006-031.htm）にサンプルが掲載されていますので、ひな形として利用が可能です。

　②はエクセルなどの表計算ソフトで索引簿を作ったり、規則性のあるファイル名を付けて特定のフォルダーに格納しておいたりすることで対応できます。表計算ソフトやフォルダーの検索機能を有効に活用しましょう。

　③は電子データを肉眼で見られるようにすればよいだけです。パソコン画面やプリンターを備え付け、視認できればOKです。

● 改ざん防止のための事務処理規定のサンプル

電子取引データの訂正及び削除の防止に関する事務処理規程

第1章 総則

（目的）
第1条 この規程は、電子計算機を使用して作成する国税関係帳簿書類の保存方法○○
に関する法律第7条に定められた電子取引の取引情報に係る電磁的記録の保存義○
行うため、○○において行った電子取引の取引情報に係る電磁的記録を適正に○
るために必要な事項を定め、これに基づき保存することを目的とする。

（適用範囲）
第2条 この規程は、○○の全ての役員及び従業員（契約社員、パートタイマー及び派遣社
員を含む。以下同じ。）に対して適用する。

（管理責任者）
第3条 この規程の管理責任者は、●●とする。

第2章 電子取引データの取扱い

（電子取引の範囲）
第4条 当社における電子取引の範囲は以下に掲げる取引とする。
一 EDI取引

> 国税庁のサイトからダウンロードし、カスタマイズして使える（法人用と個人事業主用の2種がある）

●電子データの管理例（日付・金額・取引先で検索可能）

・索引簿（表計算ソフトで作成）

連番	日付	金額	取引先	種別
1	2023/1/10	330,000	（株）未来ライフ	請求書
2	2023/1/14	154,000	（株）天然粘土	注文書
3	2023/1/25	110,000	プロサイクル（株）	領収書
4	2023/1/30	88,000	（有）ノートル	請求書
5	2023/1/30	134,000	（株）ギュジュテック	領収書
⋮				
49	2023/9/3	165,000	（株）ポラリックル	領収書
50	2023/9/10	550,000	（株）未来ライフ	請求書

・ファイル名に保存性を持たせる

📄 20230110_1_A_未来ライフ.pdf

📄 20230114_2_B_天然粘土.pdf

📄 20230125_3_C_プロサイクル.pdf

📄 20230130_4_A_ノートル.pdf

📄 20230130_5_C_ギュジュテック.pdf

まとめ

☐ システム投資をしなくても、電子データでの保存は可能

☐ 改ざん防止の措置は、事務処理規定を定める対応でも可

クレジットカード払いや請求書のない
自動引き落としはどうなる?

● 書類の合わせワザで適格請求書の要件を満たす

　法人カードなどのクレジットカードで支払いを行った場合、これまで税込3万円未満なら領収書を保存せず、請求明細書(ご利用明細)をもとに帳簿に記載して仕入税額控除の対象としているケースは多いのではないでしょうか。

　しかし、**2023年10月1日以降、この方法は認められなくなります。仕入税額控除を行うには、少額特例(P.48参照)に該当する場合を除き、適格請求書(または適格簡易請求書)の保存が必要に**なります。請求明細書はカードの利用者に対して課税資産を譲渡した(=商品等を販売した)事業者が作成・発行したものではないため、適格請求書として扱えないのです。

　では、クレジットカードを利用した場合には、どうすればいいのでしょうか。カード利用時に**レジなどで渡される"売上票"や"伝票"など、いわゆる「お客様控え」に適格請求書の要件となる事項**(P.34参照)**が記載**されていれば、請求書として扱うことが可能になります。ただ、これらには購入した商品名やサービスの内容が省略されている場合があるので、そのような時は利用明細書と一緒に、内容まで記載されたレシートや領収書をもらっておくとよいでしょう。

　また、事務所の賃貸料などを銀行口座などから自動引き落としや振り込みをしている場合は、適格請求書の記載事項のうち、**課税資産の譲渡等の年月日以外を賃貸契約書に記載しておき、引き落としや口座振替の日付を確認できる通帳や銀行が発行する振込金受取書とともに保管すれば、適格請求書の要件を満たすことになります。**

● クレジット利用時には「明細書」と「お客様控え」が必要

発行者はカード会社。
適格請求書として扱えない

ご利用代金明細書

お名前	技術　太郎　様
お支払日	202X年5月25日(金)
お支払合計	28,453円

税国カード株式会社

東京都中央区日本橋○○○○
お問い合わせ先 TEL 03-1234-5678

カード種類	法人
カード名称	税国カード
カード番号	1234-5678-9012-3456

金融機関	税国銀行
支店	新宿支店
科目	普通

ご利用年月日	ご利用店名	ご利用金額	支払区分	今回回数	お支払金額	備考
202X/4/1	○○新聞決済	4,277	1	1	4,277	
202X/4/8	○○電機	9,680	1	1	9,680	
202X/4/10	○○カフェ	1,296	1	1	1,296	
202X/4/20	○○通販	2,200	1	1	2,200	
202X/4/30	○○年会費	11,000	1	1	11,000	
				お支払金額合計	28,453	

実際に商品等を販売した事業
者の登録番号は未記載

購入時に受け取った売上票や、商
品の送付時に同封されてきた領収
書や納品書を保存しておくこと。
登録番号などの記載があれば、請
求明細書を補完できる

納品書

○○○○
○○○

[クレジット売上票]

領収書

○○○○

¥0,000

ご署名

まとめ

☐ カード利用時は「お客様控え」と「領収書orレシート」で対応

☐ 契約書にインボイス要件を記載し、通帳などで年月日を確定

個人事業主やフリーランスの
確定申告にはどんな影響が出る？

● 新たに課税事業者になると消費税の確定申告が必要になる

　インボイス制度が個人事業主（フリーランス等）にもたらす、最も大きな影響は、**免税事業者のままでいると、仕入税額控除を受けている売上先から取引を停止される可能性**があることです（P.40〜43参照）。そのため、益税（P.32参照）の特権を失っても、適格請求書発行事業者すなわち消費税の課税事業者にならざるを得ない個人事業主が多く出てくると想定されます。

　課税事業者になると、例年の確定申告にも大きな影響があります。一般に確定申告というと、白色申告や青色申告がイメージされますが、これらは所得税の確定申告です。**課税事業者になると、ここに消費税の確定申告が加わる**ことになります。

　個人事業主の消費税の確定申告は、対象となる年の翌年1月1日〜3月31日が申告期限です。所得税の確定申告とほぼ同時期のため、申告書の作成の負担が単に増すだけでなく、**納税額の計算も所得税に比べて複雑**です。毎月の売上や仕入件数がかなり限られているならともかく、消費税の確定申告についてそれなりに知識があったとしても、相当な手間を覚悟しなければなりません。

　そのため、**会計ソフトや税理士の力を借りる**のが現実的です。そこで新たな費用が発生する人も出てきます。インボイス制度開始に伴う中小企業の支援策として、**IT等導入補助金**では安価な会計ソフトも対象としていますし、**小規模事業者持続化補助金**という制度でも、免税事業者が適格請求発行事業者に登録した場合の優遇措置があります。これらの活用を検討してみてもいいでしょう。

◉ 免税事業者と課税事業者の確定申告の違い

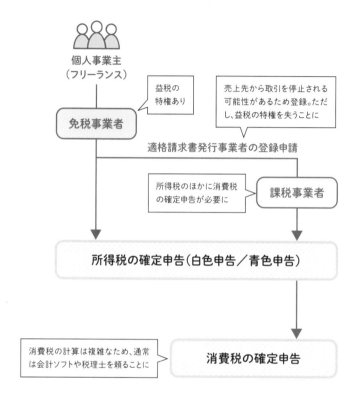

個人事業主
（フリーランス）

益税の
特権あり

売上先から取引を停止される
可能性があるため登録。ただ
し、益税の特権を失うことに

免税事業者

適格請求書発行事業者の登録申請

所得税のほかに消費税
の確定申告が必要に

課税事業者

所得税の確定申告（白色申告／青色申告）

消費税の計算は複雑なため、通常
は会計ソフトや税理士を頼ることに

消費税の確定申告

適格請求書発行事業者の個人事業主が法人成りする場合は？

すでに適格請求書発行事業者の登録申請を済ませた個人事業主が「どうせ消費税を納税する
なら」と、法人成りをする場合、適格請求書発行事業者の登録を法人に引き継ぐことはできま
せん。法人成りにより設立した法人で、新たに登録申請し直す必要があります。

まとめ

□ 課税事業者になると、所得税に加えて消費税の確定申告が必要
□ 消費税の申告には、会計ソフトまたは税理士がほぼ不可欠

白色申告の人はまずは青色申告への移行を

インボイス制度は、個人事業主・フリーランスの人が毎年行っている所得税の確定申告にも少なからず影響を及ぼします。適格請求書発行事業者になった場合に確実に増す消費税の負担を効率よく補填したい人は、真っ先に青色申告への移行を図るべきです。

青色申告は決算書の提出やe-Taxの利用の有無などによって、青色申告特別控除として10万円、55万円、65万円のいずれかを所得(=収入から経費や各種控除を差し引いた金額)から差し引くことができます。節税効果は消費税の仕入税額控除に近いものがあります。

およその計算になりますが、所得400万円の人が白色申告から青色申告に切り替えた場合、納税額は10万円控除なら2万円、55万円控除なら11万円、65万円控除なら13万円程度少なくなります。さらに控除によって所得が減ることから、翌年の住民税も安くなります(そのほか青色申告にはさまざまな特典があります)。

青色申告について「帳簿付けが大変」「決算書なんて作成できない」という声をよく聞きますが、これは大きな誤解です。会計ソフトを使えば、確定申告書や決算書まで自動で作成されるため、白色申告と手間はほぼ変わりないと思っていいでしょう。

青色申告を開始するには、「所得税の青色申告承認申請書」を税務署に提出するだけです。ただし、1月1日から15日までに個人事業を開始した人はその年の3月15日までに、1月16日以降に開始した人は開業日から2カ月以内、白色申告から青色申告に変更する人は、青色申告にしたい年度の3月15日までに届出が必要です。それを過ぎると、翌年からの適用となります。

Part

4

必要な書類とルールの理解

適格請求書発行事業者になるための手続き

適格請求書発行事業者の 登録方法と提出期限

● 適格請求書発行事業者の登録申請と併せて必要な検討課題も

すでに述べたとおり、インボイス制度が開始する 2023 年 10 月 1 日から適格請求書発行事業者になるには、原則 2023 年 3 月 31 日（実質的には 2023 年 9 月 30 日）までに、管轄のインボイス登録センターに「適格請求書発行事業者の登録申請書」を郵送するか、e-Tax から手続きします（P.52 参照）。免税事業者は適格請求書発行事業者になると、自動的に課税事業者となります。

2023 年 10 月 1 日以降 2029 年 9 月 30 日までに手続きする場合も、基本的には同じですが、適格請求書発行事業者となるのは税務署で登録された日となります。ただし、免税事業者については、**2023 年 10 月 2 日以降のある時点（たとえば、2024 年の 1 月 1 日）から適格請求書発行事業者になりたいときは、登録希望日の欄に日付を記入**すれば、原則、登録日を指定できます（P.74 参照）。また、課税期間の初日から起算して 15 日前までに登録申請をしなければなりません（令和 5 年度税制改正）。

なお、後で詳しく説明しますが、適格請求書発行事業者の登録申請をするのと併せて検討すべき、いわばオプション的な申請があります。「原則課税と簡易課税のどちらを選択するか」、個人事業主は適格請求書発行事業者公表サイトに「所在地や屋号も公表するか」「外国人の通称や旧姓を併記するか」などの**選択によって、提出しなければならない書類がほかにもあります。**

免税事業者は適格請求書発行事業者になると益税を得る権利を失います。先々のことも考えて登録申請するか決めましょう。

● 用紙による登録申請手続きの流れ

国税庁のサイトから「適格請求書発行事業者の登録申請書」をダウンロード(国内事業者用と海外事業者用があるので注意)

必要事項を記入する。記入後、漏れがないかチェック

作成した登録申請書を、納税地を管轄するインボイス登録センター(下表)宛に郵送

税務署による審査

1カ月程度で登録番号が記載された登録通知書(登録番号)が送られてくる。国税庁の「適格請求書発行事業者公表サイト」で情報が公開

国税庁のオンラインシステム「e-Tax」からも申請できるが、初めて使用する場合は、事前に利用者識別番号と暗証番号、電子証明書の取得が必要

●インボイス登録センターと管轄地域

各局(所)	管轄地域					
札幌国税局インボイス登録センター	北海道					
仙台国税局インボイス登録センター	青森県	岩手県	宮城県	秋田県	山形県	福島県
関東信越国税局インボイス登録センター	茨城県	栃木県	群馬県	埼玉県	新潟県	長野県
東京国税局インボイス登録センター	千葉県	東京都	神奈川県	山梨県		
金沢国税局インボイス登録センター	富山県	石川県	福井県			
名古屋国税局インボイス登録センター	岐阜県	静岡県	愛知県	三重県		
大阪国税局インボイス登録センター	滋賀県	京都府	大阪府	兵庫県	奈良県	和歌山県
広島国税局インボイス登録センター	鳥取県	島根県	岡山県	広島県	山口県	
高松国税局インボイス登録センター	徳島県	香川県	愛媛県	高知県		
福岡国税局インボイス登録センター	福岡県	佐賀県	長崎県			
熊本国税局インボイス登録センター	熊本県	大分県	宮崎県	鹿児島県		
沖縄国税事務所インボイス登録センター	沖縄県					

まとめ
□ e-Taxを使っていない人は用紙による申請のほうが簡単
□ 申請にあたって検討すべき課題がいくつかある

「適格請求書発行事業者の 登録申請書」の記載ポイント

● 2022年4月の消費税法改正で申請書の書式に変更あり

　「適格請求書発行事業者の登録申請書」（国内事業者用）の書式は個人事業主も法人も共通です。2枚用紙があり、1枚目は住所・所在地、納税地、氏名等を記載するほか、現在（消費税の）課税事業者か免税事業者かをチェックします。前記「納税地」は、個人なら自宅住所、法人は本店または主たる事務所の所在地となるため、通常は「同上」と記載します。なお、法人は「氏名又は名称」「所在地」は必ず登記情報と一致させること。法人番号の記入も必要です。

　2枚目は、1枚目でチェックした免税事業者か、課税事業者かで記入欄が異なります。免税事業者の記入では、まず**2023年10月1日から適格請求書発行事業者の登録を受ける**場合は通常、右図❶にチェックします。すでに「消費税課税事業者（選択）届出書」を提出している、あるいは登録申請書と一緒に提出する人が、**課税期間の初日から適格請求書発行事業者の登録を受ける**場合（P.84参照）には、右図❷にチェックします。たとえば、免税事業者の個人事業主が2023年末までは今までどおり免税事業者として過ごし、消費税課税事業者選択届出書を提出して2024年1月1日（課税期間の初日）から適格請求書発行事業者の登録を希望するような場合には右図❷にチェックします。

　課税事業者の記入については「はい」「いいえ」に答えるだけです。そのうちの「納税管理人」は、海外在住で国内に住所のない個人事業主や、本社や事務所が国内にない法人などの代わりに納税義務を果たす人のことですから、ほとんどの人は「いいえ」となります。

●「適格請求書発行事業者の登録申請書」の記載ポイント

※この申請書は2023年9月30日までに申請する場合の書式です。

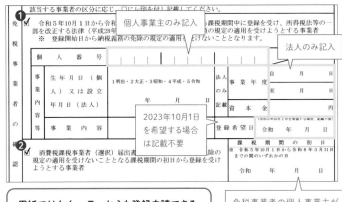

用紙ではなく、e-Taxからも登録申請できる

（e-Taxを初めて利用する人は「利用者識別番号の取得」など事前準備が必要）

免税事業者の個人事業主が課税事業者を選択して、2024年からの登録を希望する場合は、「令和6年1月1日」と記載

● 適格請求書発行事業者の登録に必要な書類一覧

登録内容			提出書類	個人事業主	法人
適格請求書発行事業への登録			適格請求書発行事業者の登録申請書	○	○
オプション	簡易課税を選択		消費税簡易課税制度選択届出書（P.80参照）	○	○
	適格請求書発行事業者公表サイトへの掲載	屋号を公表	適格請求書発行事業者の公表事項の公表（変更）申出書（P.82参照）	○	−
		所在地を公表		○	−
		外国人の通称や旧姓を併記して公表	住民票の写し	○	

まとめ　□ 申請書の用紙は共通だが、個人事業主と法人、免税事業者と課税事業者で記載内容や記載欄に違いがある

免税事業者は登録日による
"2年しばり"に注意

● 登録日によっては免税事業者に2年間戻れない

適格請求書発行事業者に登録して課税事業者になると、消費税を納税しなければなりません。しかし、場合によっては**免税事業者に戻るという選択肢**もあります。たとえば、適格請求書発行事業者となった飲食店で「近くのA社が移転してしまい、来店客のほとんどが一般客になってしまった」というような場合、売上が1,000万円以下の事業者で、A社以外に適格請求書の発行が必要な取引先がないのであれば、免税事業者に戻ったほうが納税負担もなくなりますし（益税も得られますし）、事務手続きも簡素化できます。

このような場合、「適格請求書発行事業者の登録の取消しを求める旨の届出書」を提出すれば、適格請求書発行事業者の登録を取り消して免税事業者に戻ることができます。

ただし、一つ注意があります。**「適格請求書発行事業者の登録に関する経過措置」**（P.52参照）**の適用を受けてインボイスの登録申請を行った場合（登録日が2023年10月1日の属する課税期間中の場合は除く）、登録を受けた日から2年後の日付が属する課税期間の末日まで、免税事業者に戻れません。**これを「消費税の事業者免税点制度の適用制限期間」（通称"2年しばり"）といいます。

右図のように、経過措置を適用して2024年2月1日に登録し、2025年9月30日に取消し手続きを行った個人事業主の場合、2026年の課税売上高が1,000万円以下だったとしても、免税事業者に戻れるのは2027年以降になります。なお、免税事業者になると、適格請求書の発行ができなくなることは言うまでもありません。

● 消費税の事業者免税点制度の適用制限期間は2年間

●個人事業主／12月決算法人の例（2023年10月1日の属する課税期間以外に登録）

2024年2月1日	適格請求書発行事業者に登録（経過措置を適用）

2025年9月30日	「適格請求書発行事業者の登録の取消しを求める旨の届出書」提出

2026年2月1日	登録日から2年経過（免税事業者に戻れない）

期中のため
納税義務あり

2027年1月1日	免税事業者に復帰

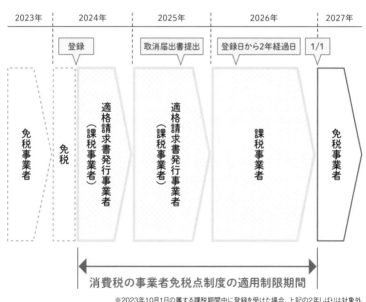

2023年　2024年　2025年　2026年　2027年

登録　　取消届出書提出　　登録日から2年経過日　1/1

免税事業者

免税

適格請求書発行事業者（課税事業者）

適格請求書発行事業者（課税事業者）

課税事業者

免税事業者

消費税の事業者免税点制度の適用制限期間

※2023年10月1日の属する課税期間中に登録を受けた場合、上記の2年しばりは対象外

まとめ　　□ 免税事業者に戻れるのは、登録日から2年経過した日の属する課税
期間の翌課税期間から

Part
4

適格請求書発行事業者になるための手続き

免税事業者に戻るときは
提出済みの書類で手続きが異なる

● 消費税課税事業者選択届出書を出している場合は注意

適格請求書発行事業者が免税事業者に戻るには、「適格請求書発行事業者の登録の取消しを求める旨の届出書」の提出が必要です。国税庁のサイトからダウンロードできます。

ただし、この届出書の提出だけで済むのは「適格請求書発行事業者の登録に関する経過措置」（P.52参照）を受けて、本来、課税事業者となるために必要な「消費税課税事業者選択届出書」（P.52参照）を提出せずに、「適格請求書発行事業者の登録申請書」だけで登録申請した事業者だけです。

この経過措置を利用せず、消費税課税事業者選択届出書を出して、課税事業者になってから適格請求書発行事業者の登録申請を行った事業者が免税事業者に戻るには、前出の「適格請求書発行事業者の登録の取消しを求める旨の届出書」に加えて**「消費税課税事業者選択不適用届出書」も提出**しなければなりません。提出し忘れると、適格請求書発行事業者ではなくなるものの、免税事業者には戻れず、課税事業者として納税義務だけ継続することになります。何のメリットもないので要注意です。

もう一つ注意が必要なのは、「適格請求書発行事業者の登録の取消しを求める旨の届出書」の提出期限です。消費税関連の書類の提出期限は「課税期間の初日の前日まで」が多いのですが、「適格請求書発行事業者の登録の取消しを求める旨の届出書」の提出期限は「当該課税期間の初日から起算して15日前よりも前」となっています。**期限を間違えると、取消しが翌々期**になるので気をつけましょう。

● 免税事業者に戻るのに必要な届出書の種類

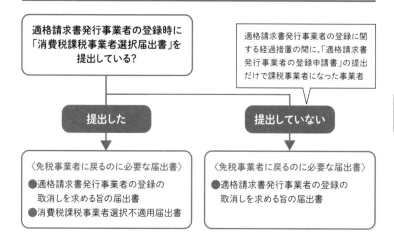

適格請求書発行事業者の登録時に「消費税課税事業者選択届出書」を提出している?

適格請求書発行事業者の登録に関する経過措置の間に、「適格請求書発行事業者の登録申請書」の提出だけで課税事業者になった事業者

提出した

提出していない

〈免税事業者に戻るのに必要な届出書〉
- 適格請求書発行事業者の登録の取消しを求める旨の届出書
- 消費税課税事業者選択不適用届出書

〈免税事業者に戻るのに必要な届出書〉
- 適格請求書発行事業者の登録の取消しを求める旨の届出書

● 届出書の提出期限

●3月期決算の事業者が、2029年4月期から免税事業者へ戻る場合

当該課税期間の初日から起算して15日前より前「適格請求書発行事業者の登録の取消しを求める旨の届出書」の提出期限

2029年

	日	月	火	水	木	金	土
3月					1	2	0
	4	5	6	7	8	9	10
	11	12	13	14	15	16	17
	18	19	20	21	22	23	24
	25	26	27	28	29	30	31
4月	1	2	3	4	5	6	7
	8	9	10	11	12	13	14

期末
翌期

翌期の4月1日からの取消しを求める場合、3月17日がタイムリミット。1日でも過ぎると、免税事業者になるのは翌々期から

課税期間初日の前日まで「消費税課税事業者選択不適用届出書」の提出期限

まとめ
- □ 経過措置の適用を受けていない事業者は、2種類の届出書が必要
- □ 各届出書で提出期限が異なる

簡易課税を選択するなら
併せて手続きを行う

●「消費税簡易課税制度選択届出書」の提出が必要

適格請求書発行事業者になると、必ず消費税の課税事業者となります。消費税の納税額の計算方法には、預かった消費税額から支払った消費税額を引いて算出する「原則課税」と、預かった消費税額とみなし仕入率をもとに算出する「簡易課税」の２種類がありますが（P.24 参照）、**簡易課税を選択すると、仕入先から受け取った請求書が適格請求書かどうかを気にせずに済むようになります**（P.90 参照）。

ただし、免税事業者は適格請求書発行事業者の登録を済ませただけでは原則課税となります。**簡易課税を選択するには、別途「消費税簡易課税制度選択届出書」を提出**します。2029 年 9 月 30 日までに適格発行事業者の登録をした免税事業者は、簡易課税を始める事業年度の最終日（個人事業主なら 12 月 31 日）が提出期限です。

一方、課税事業者が適格請求書発行事業者の登録申請した場合には、現在の計算方法が引き継がれます。**原則課税から簡易課税に変更するには、同様に消費税簡易課税制度選択届出書の提出**が必要です。提出した事業年度の翌事業年度から簡易課税が適用されます。

なお、**簡易課税は基準期間（前々年または前々期）の課税売上高が 5,000 万円以下**でないと受けられません。簡易課税を選択後、基準期間の売上高が 5,000 万円超の期（年）は強制的に原則課税が適用され、再度 5,000 万円以下になった場合は、自動的に簡易課税が適用されます。なお、簡易課税を選択すると、2 年間は原則課税に戻せません。また戻すには「消費税簡易課税制度選択不適用届出書」の提出が必要です。

● 簡易課税の基準期間

● 個人事業主の場合

● 法人(3月決算)の場合

● 経過措置を適用した簡易課税の選択期限と開始時期

● 個人事業主または12月決算法人の場合

まとめ

☐ 簡易課税を選択するなら「消費税簡易課税制度選択届出書」を提出

☐ 現在、免税事業者か課税事業者かで届出の提出期限が異なる

個人事業主が旧姓や屋号を
公表するには別途手続きが必要

●「適格請求書発行事業者の公表事項の公表(変更)申出書」を提出

適格請求書発行事業者になると、国税庁の「適格請求書発行事業者公表サイト」で公表されます(P.38参照)。登録番号で検索すると、該当の適格請求書発行事業者が表示され、登録番号が偽造されたものでないか確認できるようになっています。

個人事業主の場合、原則として公表されるのは「①氏名」「②登録番号」「③登録年月日」「④登録取消(失効)年月日」の4項目です。氏名は本名(戸籍上の名前)が掲載されるため、普段、旧姓や通称、屋号やペンネームなどで仕事をしていると、取引先が登録番号で検索しても、本人かどうか確認できないケースも出てきます。

そのため、**旧姓**で仕事をしている人や**外国人で通称**を使用している人は、氏名に代えて旧姓(旧氏)や通称を公表する、あるいは氏名と併記することができます。また、**屋号やペンネーム**については、氏名に代えることはできませんが、併記はできます。

手続きは簡単です。「**適格請求書発行事業者の登録申請書**」のほかに、「**適格請求書発行事業者の公表事項の公表(変更)申出書**」**を提出**するだけです。両者を一緒に提出しても、後から単独で提出しても構いません(e-Taxによる申請も同様)。いったん追加で公表した情報を取り消す場合も、この申出書で申請します。

なお、公表できる通称と旧姓は住民票に併記されているものに限られるため、**用紙で申請する場合は、公表する情報が記載されている住民票を併せて提出**する必要があります。e-Taxから申請する場合は不要です。

● 適格請求書発行事業者の公表事項の公表（変更）申出書の書き方

適格請求書発行事業者の公表事項の公表（変更）申出書

収受印

令和 ○ 年 ○ 月 ○ 日	申出	（フリガナ）	トウキョウトスギナミク○○1-2-3
		納税地	（〒　-　） 東京都杉並区○○1-2-3 （電話番号 03 － 1234 － 5678）
		（フリガナ）	コクゼイ ハナコ
		氏名又は名称及び代表者氏名	国税 華子
		法人番号	※ 個人の方は個人番号の記載は不要です。
		登録番号	T 0 1 2 3 4 5 6 7 8 9 0 1 2

新たに公表を希望する項目に✓を入れる

国税庁ホームページの公表事項について、下記の事項を追加（変更）し、公表することを希望します。

新たに公表する事項の□にレ印を付し記載してください。

新たに公表する事項	個人事業者	□ 主たる屋号 （複数ある場合任意の一つ）	（フリガナ）フラワーショウテン フラワー商店
		□ 主たる事務所の所在地等 （複数ある場合任意の一箇所）	（フリガナ）トウキョウトシブヤク○○4-5-6 東京都渋谷区○○4-5-6
		□ 通称 □ 旧姓（旧氏）氏名 （住民票に併記されている通称又は旧姓（旧氏）に限る）	いずれかの□にレ印を付し、通称又は旧姓（旧氏）を使用した氏名を記載してください。 □ 氏名に代えて公表 □ 氏名と併記して公表 （フリガナ）コクゼイハナコ／トゼイハナコ 通称 国税はなこ／旧姓 都税華子
	人格のない社団等	本店又は主たる事務所の所在地	（フリガナ）

「氏名に代えて公表」「氏名と併記して公表」のいずれかに✓を入れる

変更の	既に公表されている上記の公表内容の変更を希望する場合に記載してください。		
	変		令和　　年　　月　　日
	変	□ 屋号 □ 事務所の所在地等 □ 通称又は旧姓（旧氏）氏名 （人格のない社団等） □ 本店又は主たる事務所の所在地	
		（フリガナ）	

適格請求書発行事業者公表サイトでの表示例

- ●氏名に代えて公表 　通称 国税はなこ
  　　　　　　　　　　　旧姓氏名 都税華子
- ●氏名と併記して公表 　通称 国税はなこ（国税華子）
  　　　　　　　　　　　旧姓氏名 都税華子（国税華子）

まとめ

□ 旧姓や通称、屋号などの公表も可能

□ 公表事項の変更や追加には届出が必要

新規開業者が登録申請をするときの手続きと注意点

● 新規開業者には、登録時期の特例が認められている

　新設法人（資本金1,000万円未満）も個人事業主も、開業1年目は原則免税事業者となります。ここで一つ問題が起こります。適格請求書発行事業者の登録申請が行えるのは、事業開始後（会社であれば設立後）ですから、**どんなに急いで登録申請しても「適格請求書発行事業者ではない免税事業者の期間」**が生まれることになります。

　たとえば、11月1日に会社を設立し（3月決算）、翌年の2月1日に適格請求書発行事業者の登録が完了した場合、この間の3カ月間は免税事業者になってしまいます。すると、その3カ月の間に取引先から注文の声がかかっても適格請求書を発行できず、相手は仕入税額控除を受けられないことから、発注を見送ることもあり得ます。

　こうした事態を防ぐため、**新設法人等の登録時期の特例**が設けられています。新たに事業を開始した個人または免税事業者である新設法人は、**事業を開始した日の属する課税期間の末日までに、「適格請求書発行事業者の登録申請書」**のほかに、**「消費税課税事業者選択届出書」を提出**すれば、事業の開始日に登録を受けたものとみなされます。つまり、免税事業者だった期間にさかのぼって、適格請求書を発行できるようになるのです。

　新設法人との取引は取引先も不安にならざるを得ません。また、こうした特例を認知していない取引先も多いはずです。自ら説明するとともに、登録番号の通知が来るまでの間、発行する区分記載請求書とともに「インボイスの登録を申請中。登録完了後、適格請求書を再発行します」といった書類を添付しておくといいでしょう。

◉ 新規開業者が設立日（開業日）から適格請求書発行事業者になるには？

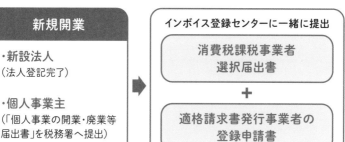

新規開業	インボイス登録センターに一緒に提出
・新設法人 （法人登記完了） ・個人事業主 （「個人事業の開業・廃業等 届出書」を税務署へ提出）	消費税課税事業者 選択届出書 ＋ 適格請求書発行事業者の 登録申請書

「適格請求書発行事業者の登録申請書」2枚目のココにチェックを入れる

☑ 消費税課税事業者（選択）届出書を提出し、納税義務の免除の規定の適用
を受けないこととなる課税期間の初日から登録を受けようとする事業者

◉ 新設法人等の登録時期の特例

（例）2023年11月1日に法人（3月決算）を設立。
2024年2月1日に登録申請書と課税選択届出書を併せて提出した場合

本来、免税事業者としての期間だが、2種の申請書の提出に
より、事業開始日にさかのぼって適格請求書発行事業者に

> まとめ
> □ 新設法人でも設立日にさかのぼってインボイス発行は可能
> □ 法人設立とインボイス登録のタイムラグは最短にする

個人事業主が死亡して事業承継したときの手続き

● 事業承継では、新たに登録申請が必要

適格請求書発行事業者の登録をしていた個人事業主が死亡し、相続を受けて事業を承継した場合、**相続人は「適格請求書発行事業者の死亡届出書」を提出**しなければなりません。この後の手続きは、事業者の死亡時期が 2023 年 10 月 1 日以前か以後か（インボイス制度を開始しているかどうか）で分かれます。制度開始前に登録人が亡くなった場合、事業を承継した相続人が適格請求書発行事業者としての登録を求めるのであれば、新たに申請書の提出が必要です。

一方、制度開始後すなわち **2023 年 10 月 1 日以降に登録人が亡くなった場合**は、すぐに適格請求書を発行できなくなるわけではありません。**適格請求書発行事業者の死亡届出書の提出日の翌日または死亡した日の翌日から 4 カ月経過した日のいずれか早い日までは、相続人を適格請求書発行事業者とみなす、"みなし登録期間"**があります。みなし登録期間中は、相続人は亡くなった事業者、つまり被相続人の登録番号を使って適格請求書等の発行を継続できます。

事業を承継した相続人は、このみなし登録期間に新たに適格請求書発行事業者の登録を行うかどうかを決め、継続したいのであれば、新たに登録申請をしなければなりません。

みなし登録期間中に相続人が適格請求書発行事業者の登録申請書を提出していれば、仮にみなし登録期間の末日までに登録の通知が届かなかった場合、通知が届くまでみなし登録期間が延長されることになり、被相続人の登録番号で適格請求書等の発行ができます。

◉ 適格請求書発行事業者の死亡届出書

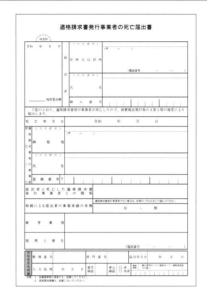

◉ 事業承継による適格請求書発行事業者の登録の効力

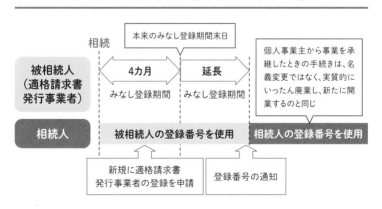

まとめ

□ 相続による事業承継時には4カ月間の"みなし登録期間"がある

□ みなし登録期間中に新たに登録申請をする必要がある

87

登録国外事業者はインボイス制度の登録申請不要

　電子書籍の購入や音楽の配信など、電気通信回線（インターネット）を介して行われるサービスの提供が増加していますが、日本国内の事業者が国外事業者からインターネットを介して役務の提供を受けた場合には、国内取引として消費税の課税対象となっています。

　ただし、インボイス制度の開始前までは、国外事業者の取引で仕入税額控除の対象となるのは、「登録国外事業者」として国税庁から登録を受けた事業者だけです。これを登録国外事業者制度といい、登録国外事業者かどうかは国税庁が公表している登録国外事業者名簿で確認することができます。

　登録国外事業者からの課税仕入について仕入税額控除を受けるには、ほかの課税仕入と同様に規定された事項が記載された帳簿と、「登録国外事業者番号」が記載された請求書等を保存しておくのが決まりでした。しかし、インボイス制度の開始に伴って、登録国外事業者制度はインボイス制度に吸収されることになりました。つまり、「登録国外事業者＝適格請求書発行事業者」という扱いになります。2023年9月1日時点で登録国外事業者であれば、同年10月1日のインボイス制度開始と同時に、適格請求書発行事業者の登録を受けたものとみなされます。

　したがって、インボイス制度の開始後は、適格請求書発行事業者の登録を受けた国外事業者も、ほかの課税事業者と同様にインボイスの交付義務があり、役務の提供を受けた国内事業者が仕入税額控除を行うためには、交付されたインボイスの保存や帳簿への記載が必要になります。

Part

5

複雑になる事務処理を軽減

簡易課税、2割特例を
選択した場合の
メリット・デメリット

経理の負担増を避けるなら
簡易課税または2割特例を選択する

● 簡易課税を選択すればインボイス制度の影響を受けない

インボイス制度が始まると、経理の負担が大きく増えます。主に増えるのは、請求書を受け取ったときです。

まず適格請求書および適格簡易請求書と区分記載請求書（P.28参照）を分類し、適格請求書については偽造されたりしたものでないか、適格請求書発行事業者公表サイトで確認する作業が発生します。さらに、帳簿に記帳する際も、適格請求書・適格簡易請求書と区分記載請求書の区別を記録しておく必要があります。

また、クレジットカード払いなどでは、利用明細書と利用内容が記載されたレシートや領収書の合わせワザで適格請求書と認められるケースもあるため（P.66参照）、保存する書類も増えます。

ただし、**これらの作業が必要なのは、原則課税**（P.24参照）**に基づいた仕入税額控除を受ける場合に限られます。**売上時に預かった消費税額だけで仕入控除税額を計算する**簡易課税**（P.24参照）**や2割特例**（P.26参照）**では、これらの面倒は発生しません。**どちらも売上時に預かった消費税額すなわち「自分が請求した消費税額」がわかれば、仕入控除税額を計算できるため、受け取った請求書が適格請求書なのか、区分記載請求書なのかはもちろんのこと、預かった消費税額がいくらすらも、気にする必要がないのです。

そのため、特に小規模事業者で**経理業務の負担増を避けたい場合は簡易課税や2割特例を選択することを原則お勧め**します（P.26参照）。一方で、右図のようなケースではデメリットが生じる可能性もあるので、原則課税とどちらが有利か確認のうえ、判断しましょう。

● 簡易課税を選択した場合のメリット・デメリット

メリット

● 受け取った請求書が適格請求書や適格簡易請求書であるかどうかの確認が不要

● 「売上時に預かった消費税額×みなし仕入率」で仕入控除税額を簡単に計算できる

● 免税事業者からの仕入でも、消費税の納税額が増えない

デメリット

● 簡易課税を一度選択すると2年間は原則課税に戻れない

● 大きな設備投資を2年以内に行う予定がある場合は、簡易課税制度を選択すると不利に（仕入時に支払った消費税額が多くなるが、簡易課税では反映されないため）

● 下記のようなケースでは、原則課税より消費税の納税額が増える可能性がある

● 簡易課税、2割特例が原則課税より有利・不利になるケース

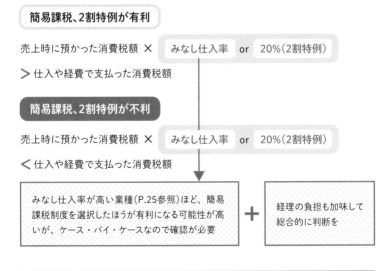

簡易課税、2割特例が有利

売上時に預かった消費税額 × みなし仕入率 or 20%（2割特例）

＞ 仕入や経費で支払った消費税額

簡易課税、2割特例が不利

売上時に預かった消費税額 × みなし仕入率 or 20%（2割特例）

＜ 仕入や経費で支払った消費税額

みなし仕入率が高い業種（P.25参照）ほど、簡易課税制度を選択したほうが有利になる可能性が高いが、ケース・バイ・ケースなので確認が必要

＋

経理の負担も加味して総合的に判断を

まとめ
□ インボイス制度開始で経理の負担増となるのは原則課税のみ
□ 簡易課税や2割特例を選択すると経理の負担は増えない

簡易課税や2割特例は
仕入先の免税事業者にもメリット

● 簡易課税、2割特例は免税事業者との関係の持続化にも有効

　前項のとおり、簡易課税または2割特例を選択すると、適格請求書と区分記載請求書を区別せずに済みます（P.16の非課税取引や不課税取引の区別も不要）。言い換えれば、取引先が適格請求書発行事業者かどうか、また課税事業者か免税事業者かを気にする必要がありません。

　原則課税では、免税事業者から仕入れた場合、適格請求書を発行してもらえないため、その分、消費税を余計に納めることになります。**しかし、簡易課税や2割特例では、売上時に預かった消費税額（＝自分が請求した消費税額）だけで仕入控除税額を計算するため、仕入先が免税事業者であってもなくても同じです。**

　よって、免税業者からの仕入について値下げしてもらうなど、仕入条件を見直す必要がなくなります。免税事業者にとっては、取引条件が変わらないのであれば、適格請求書発行事業者に無理になる必要がなくなるため、益税を得られるメリット（P.32参照）を手放さずに済みます。単純計算で約8～10%の利益が減少するという死活問題ともいえる痛手を被らずによくなるのです。

　このように双方にメリットがあるので、**簡易課税または2割特例を選択した場合はその情報を積極的に仕入先にも知らせましょう。**知らずに適格請求書発行事業者になってしまうと、原則、登録日から2年後の日付が属する課税期間の末日まで免税事業者に戻れません（P.76参照）。逆に適格請求事業者になるか迷っている免税事業者は、登録申請をする前に取引先が原則課税なのか確認しましょう。

● 簡易課税または2割特例を選択すると、仕入先が課税事業者でも免税事業者でも同じ扱いに

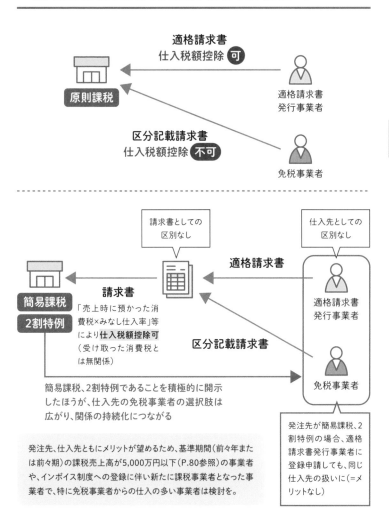

原則課税

適格請求書
仕入税額控除 **可**

適格請求書
発行事業者

区分記載請求書
仕入税額控除 **不可**

免税事業者

請求書としての
区別なし

仕入先としての
区別なし

適格請求書

請求書
「売上時に預かった消費税×みなし仕入率」等により**仕入税額控除可**
（受け取った消費税とは無関係）

簡易課税
2割特例

適格請求書
発行事業者

区分記載請求書

免税事業者

簡易課税、2割特例であることを積極的に開示
したほうが、仕入先の免税事業者の選択肢は
広がり、関係の持続化につながる

発注先が簡易課税、2割特例の場合、適格請求書発行事業者に登録申請しても、同じ仕入先の扱いに(=メリットなし)

発注先、仕入先ともにメリットが望めるため、基準期間（前々年または前々期）の課税売上高が5,000万円以下（P.80参照）の事業者や、インボイス制度への登録に伴い新たに課税事業者となった事業者で、特に免税事業者からの仕入の多い事業者は検討を。

まとめ
- □ 簡易課税、2割特例を選択したら、仕入先にも積極的に知らせる
- □ 簡易課税、2割特例と免税事業者の組み合わせは、双方にメリット

簡易課税の届出では
事業区分がポイントになる

● 事業区分の間違えはトラブルの原因になる

　ここで改めて簡易課税を受けるための要件を整理すると、「①基準期間（前々年または前々期）の課税売上高が5,000万円以下」「②簡易課税の適用を受ける事業年度（個人事業主なら適用を受ける年）の前日までに消費税簡易課税制度選択届出書を提出する」が原則ですが、②についてはインボイス制度の開始に伴う経過措置（2029年9月30日まで）として、免税事業者が適格請求書発行事業者の登録日の属する同じ期中に同届出書を提出すると、登録日にさかのぼって簡易課税の適用を受けることができます（P.84参照）。

　一度、簡易課税の適用を受けると2年間は原則課税に切り替えることはできません。また、基準期間の課税売上高が5,000万円超の事業年度は簡易課税から外れて原則課税となりますが、5,000万円以下の事業年度になると、再び自動的に簡易課税が適用されます。

　つまり、前記届出書を一度提出すれば、以降、原則課税に切り替えない限り、そのほかの手続き等は一切不要な便利な制度ですが、一つだけ注意があります。届出書を提出する際に**「事業区分」の分類を間違えないことです。この事業区分でみなし仕入率は決まるため、何年も経って間違えが発覚すると、多額の追徴課税が発生する可能性**が出てくるからです。事業区分は、総務省が公示する「日本標準産業分類」（大分類20、中分類99、小分類530、細分類1,460）をベースに消費税法の考え方を取り入れて6種に分類されています。そのため、自分の事業が6種のどれに該当するのか判断が難しいケースがあります。右表は6種の基本的な考え方です。

● 事業区分の基本的な考え方

事業区分	みなし仕入率	業種	内容
第1種事業	90%	卸売業	他者から購入した商品をその性質、形状を変更しないで他の事業者に対して販売する事業。
第2種事業	80%	小売業、農業・林業・漁業（飲食料品の譲渡に係る事業）	他者から購入した商品をその性質、形状を変更しないで販売する事業で、消費者に販売する事業。農業、林業、漁業については、消費者に対して販売する場合は該当。
第3種事業	70%	農業・林業・漁業（飲食料品の譲渡に係る事業を除く）、鉱業、建設業、製造業、電気業など	農業・林業・漁業、鉱業、建設業、製造業（製造小売業を含む）、電気業、ガス業、熱供給業、水道業等のうち、第1種事業、第2種事業に該当するものと、加工賃および加工賃に類する料金を対価とする役務の提供を除いた事業。またテイクアウト専門店など飲食のための設備を持たない持ち帰り専門の弁当屋、パン屋、惣菜屋など事業者自らが製造したものも該当。購入したアイスクリームや飲料を容器に小分けして販売したものは第2種事業。
第4種事業	60%	飲食業	飲食などの設備を設けた、食堂、レストラン、喫茶店、そば店、バー、キャバレー、酒場等のほか、第3種から除かれる加工賃その他これに類する料金を対価とする役務の提供を行う事業。店舗において顧客に提供するものと同種の出前は該当するが、持ち帰り用の飲食物は第3種事業。なお、テイクアウト専門店など飲食のための設備を持たない持ち帰りは第2種事業または第3種事業。 このほか建設業や製造業のうち、元請け業者から無償で材料の支給を受けて建設や製造を行う場合は第4種事業に該当。また、事業用の固定資産の売却も第4種事業に該当。
第5種事業	50%	運輸通信業、金融保険業、サービス業など	第1、2、3種事業に該当しない事業。情報通信業や物品賃貸業、学術研究、専門・技術サービス業、宿泊業（宿泊者以外の人も利用できるレストランやバーなどを除く）、生活関連サービス業、娯楽業、教育・学習支援業、医療、福祉、複合サービス事業、その他の事業に該当しないサービス業など。プロスポーツ選手も該当。
第6種事業	40%	不動産業	住宅の貸付を除く、不動産仲介業、賃貸業、管理業等。

参照：https://www.nta.go.jp/taxes/shiraberu/taxanswer/shohi/6509.htm

Part
5
簡易課税、2割特例を選択した場合のメリット・デメリット

まとめ
- □ 消費税簡易課税制度選択届出書を一度提出すれば制度適用が継続
- □ 事業区分でみなし仕入率が決まるため、区分の間違えに注意

簡易課税の事業区分(みなし仕入率)は国税庁のフローチャートで判断

● 事業区分によってみなし仕入率が異なる

前項で、6つの事業区分の基本的な考え方を整理しましたが、これだけでは、自分の事業がどれに該当するのか確信を持てない人も多いでしょう。そんなときに役立つのが、国税庁のサイトにあるフローチャート（右図）です。

みなし仕入率は、第1種事業の90%から第6種事業の40%（P.95参照）まで開きがあるため、少しでも有利な事業区分に分類したいところでしょう。とはいえ、**税務調査などの際には事業の実態で判断されるため、ごまかしは利きません。**故意でなくても見過ごされることはあり得ませんので、正しく自己判定することが大事です。

たとえば、フリーのカメラマンだとしたら、「商品の譲渡か？」はNO、「事業のために供していた固定資産等の譲渡か？」もNO、続く日本標準産業分類についての問いは専門・技術サービス業にあたるため、NO、YESと進み、「飲食サービス業に該当するか？」はNOですから第5種事業に該当します。

なお、「購入した商品の性質または形状を変更したか？」については、商標やネームの添付または表示、単体で販売している商品を複数詰め合わせる、液状等の商品を販売容器に小分けする、ガラスやそのほかの商品を販売のために行う裁断などは含まれません。

事業区分は原則取引ごとに判定されます。そのため、**一般的な事業区分としては一つでも、取引単位で事業区分が異なるケースも出てきます。**詳しくは次項で説明しますが、実際にどのような取引を行っているか洗い出し、それぞれの事業区分を判定してみましょう。

● 簡易課税の「事業区分」判定フローチャート

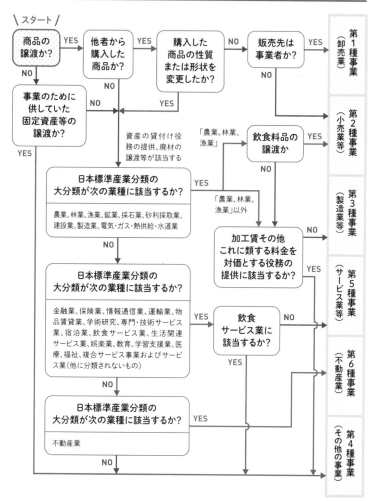

※1 日本標準産業分類：https://www.soumu.go.jp/toukei_toukatsu/index/seido/sangyo/02toukatsu01_03000023.html ※2 飲食サービス業のうち、持ち帰り・配達飲食サービス業に該当するものについては、その業態等により第2種事業または第3種事業に該当するものがある ※3 課税資産の譲渡等からは輸出免税等の適用により消費税が免除されるものを除く ※4 固定資産等とは、建物、建物附属設備、構築物、機械及び装置、船舶、航空機、車両及び運搬具、工具、器具及び備品、無形固定資産のほかゴルフ場利用株式等のこと

まとめ	□ 事業区分は取引の実態で判断する
	□ うっかりミスでも見逃されることはない

一つの事業で複数の事業区分に該当する場合の簡易課税のルール①

● 事業区分がわかるようにし、区分ごとに課税売上高を集計

　前項でも説明したように、一つの事業を営んでいても、複数の事業区分が混在している場合があります。たとえば、新型コロナウイルスの流行によって、飲食店がテイクアウトや宅配を始める例が多くなりましたが、この新たに始めたサービスが、それまで行ってきた店内での飲食の提供とは異なる事業区分になる場合があります。

　インドカレーのレストランを例に取ると、「店内でのカレーの提供」は第4種事業、「カレーの宅配」も店内飲食の延長線上にあると捉えられているので第4種事業に該当します。一方、「カレーのテイクアウト（店頭販売）」は製造業に該当するので第3種事業となります。また、プライベートブランドで作ったオリジナルのレトルトカレーの販売は小売業の第2種事業に該当します。

　このように簡易課税制度を選択している事業者が複数の事業を行っている場合、**右ページのような方法で事業区分ごとに課税売上高がわかるようにしておくのが原則**です。詳しくは次項でお話ししますが、最終的にはこの事業区分ごとの課税売上高の合計額と、各みなし仕入率をもとに仕入控除税額を計算します。

　もし課税売上高を事業ごとに区分していない場合には、該当するみなし仕入率のうち、最も低いみなし仕入率で仕入控除税額を計算することになります。たとえば、第2種と第4種の事業を営んでいても、みなし仕入率は第2種の80％ではなく、第4種の60％が適用されます。その分、仕入控除税額が減り、消費税の納税額が増えます。損をしないように、事業の種類をきちんと区分しましょう。

● 簡易課税制度での複数事業の区分方法と課税売上高の集計方法

方法❶

帳簿等に事業の種類を記載する

最も一般的な方法。特に会計ソフト上では、記帳の際に事業区分を設定しておけば、自動で事業の種類ごとに集計され、仕入控除税額が計算される。

方法❷

納品書・請求書・売上伝票の控え等に事業区分を記載し、区分ごとに課税売上高を集計して記録・保存する

納品書や請求書、売上伝票の控えなどへの事業区分の記載方法は、事業区分が判別できれば、記号等による表示であってもOK。

方法❸

レジペーパー等に印字された商品の品番等をもとに事業を区分し、区分ごとに課税売上高を集計して記録・保存する

方法❹

事業場ごとに一種類の事業のみを行っている事業者においては、その事業場ごとの課税売上高を集計して記録・保存しても可

A事業所では第2種事業である「小売業」のみ、B事業所では第3種事業である「製造業」のみなどの場合。

小売業

製造業

複数の事業を行っていて、一つの事業の課税売上高を明確に区分している場合は、残りの区分されていない課税売上高をまとめて一つの事業として取り扱っても構わない。

まとめ　□ 一つの事業で複数の事業区分に該当する場合は、請求書等に事業区分を記載し、区分ごとに課税売上高を集計する

一つの事業で複数の事業区分に
該当する場合の簡易課税のルール②

● 計算方法は2種類＋節税につながる特例もある

　一つの事業で複数の事業区分に該当していて、各みなし仕入率を適用して仕入控除税額を計算する場合は、前項の方法で事業区分ごとに書類等を管理し、各課税売上高を集計・記録しておくことが要件となっています。

　そのうえで、該当するみなし仕入率を適用して仕入控除税額を計算するわけですが、計算方法には「原則法」と「簡便法」の2種類があります。

　詳しい計算方法は右図のとおりですが、**原則法は事業区分ごとの売上時に預かった消費税額と各みなし仕入率をもとに、「加重平均みなし仕入率」を算出して仕入控除税額を計算するもの**。一方、**簡便法は事業区分ごとの「売上時に預かった消費税額×みなし仕入率」を単純に合算して仕入控除税額を計算するもの**です。

　また、そのほか特例があり、**2種類の事業を営む事業者で、1種類の事業の課税売上高が全体の75%以上を占める**場合は、「その事業のみなし仕入率×全体の課税売上高」で計算した金額を、仕入税額控除とすることができ、節税につながります。

　さらに**3種類以上の事業を営む事業者で、特定の2種類の事業の課税売上高の合計額が全体の課税売上高の75%以上を占める**場合は、2種類のうち、みなし仕入率の高いほうの事業に係る課税売上高には高いほうのみなし仕入率を適用し、低いほうの課税売上高およびそれ以外の残りの事業の課税売上高に対しては、低いほうのみなし仕入率を一律適用し、仕入控除税額を求めることができます。

● 事業区分が複数ある場合の計算方法

原則法

仕入控除税額 $=$

| 課税売上高等に係る消費税額 |
| (=課税標準額に対する消費税額－売上に係る対価の返還等の金額に係る消費税額) |

$\times$

$$\frac{第1種消費税額 \times 90\% + 第2種消費税額 \times 80\% + \cdots\cdots + 第6種消費税額 \times 40\%}{第1種～第6種事業に係る消費税額の合計}$$

簡便法

仕入控除税額 $=$ 第1種消費税額 $\times$ 90% + 第2種消費税額 $\times$ 80% + …… + 第6種消費税額 $\times$ 40%

※「貸倒回収額がある場合」もしくは「売上対価の返還等がある場合で、各事業区分の消費税額から各事業区分の売上対価の返還等に係る消費税額を控除して控除しきれない場合」を除く（その場合は原則法で計算）

● 事業区分が複数ある場合の「特例」の計算方法

● 2種類の事業を営んでいて、
　どちらか一方の事業の課税売上高が全体課税売上高の75%以上

仕入控除税額 $=$ 課税売上高等に係る消費税額 $\times$ 課税売上高が全体の75%以上を占める事業のみなし仕入率

● 3種類以上の事業を営んでいて、
　特定の2種類の事業の課税売上高の合計額が全体課税売上高の75%以上

仕入控除税額 $=$ 課税売上高の75%以上を占める2種類の事業のうち、みなし仕入率の高いほうの消費税額 $\times$ 高いほうのみなし仕入率 + 残りの課税売上高 $\times$ 課税売上高の75%以上を占める2種類の事業のうち、低いほうのみなし仕入率

まとめ
　□ 複数の事業区分がある場合の計算方法は2種類
　□ 課税売上高の75%を占める事業区分がある場合は特例あり

多額な設備投資に合わせて
簡易課税から原則課税へ戻す選択も

● 簡易課税選択から2年が経過していることが条件

　簡易課税は、課税売上高とみなし仕入率をもとに仕入控除税額を計算するため、課税仕入額を一つずつ積み上げて計算する必要がありません。小規模事業者にとっては便利な制度ですが、仕入時に実際に支払った消費税額と無関係に仕入税額が計算されるため、設備投資や大規模修繕など多額な課税仕入が発生した場合には、実際に支払った仕入税額がみなし仕入率による計算結果を上回るケースも出てきます。したがって、**設備投資など多額な課税仕入の予定がある場合には、簡易課税から原則課税**（P.24 参照）**に戻しておくことで、消費税の納税額を少なく済ませられる**場合があります。

　要件は簡易課税を選択して 2 年間が経過していること。その間は原則課税に戻れないというルールがあるためです（P.80 参照）。また、原則課税に戻すには、簡易課税をやめようとする課税期間初日の前日までに「消費税簡易課税制度選択不適用届出書」を提出する必要があります。そのため、実際に設備投資などを行う課税期間が始まる前日までに手続きをしなければなりません。

　ただし、例外的な措置として、簡易課税を選択して 2 年が経過していることが前提となりますが、**「消費税課税期間特例選択・変更届出書」を提出すれば、課税期間を 1 カ月または 3 カ月ごとに変更**することができます。こうしておくと、申告の手間は増えますが、右図のように、**ある期間だけ原則課税とし、すぐに簡易課税に戻す**ことができるようになります。なお、簡易課税に戻したら、再度原則課税に戻すことはやはり 2 年間行えません。

● 課税期間を短縮して一時的に原則課税となり、
　 簡易課税に戻る場合の例

通常の課税期間（3月決算の場合）

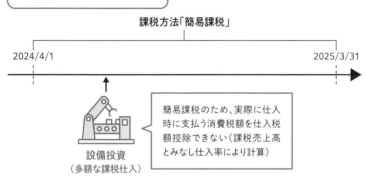

課税方法「簡易課税」

2024/4/1　　　　　　　　　　　　　　　　　　　　　　2025/3/31

設備投資
（多額な課税仕入）

簡易課税のため、実際に仕入時に支払う消費税額を仕入税額控除できない（課税売上高とみなし仕入率により計算）

課税期間特例選択（課税期間1カ月／3月決算の場合）

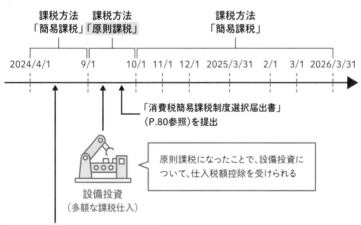

課税方法「簡易課税」　課税方法「原則課税」　　　課税方法「簡易課税」

2024/4/1　　9/1　　10/1　11/1　12/1　2025/3/31　2/1　　3/1　2026/3/31

「消費税簡易課税制度選択届出書」
（P.80参照）を提出

原則課税になったことで、設備投資について、仕入税額控除を受けられる

設備投資
（多額な課税仕入）

「消費税課税期間特例選択・変更届出書」
「消費税簡易課税制度選択不適用届出書」を提出

まとめ　　□ 多額な課税仕入の予定がある場合は原則課税のほうがトク

　　　　　□ 届出により課税期間を1カ月または3カ月単位に短縮可能

調整対象固定資産等の購入から
3年間は簡易課税を選択できない

● 取得する資産の種類・金額による3年間の固定期間に注意

前項のとおり、簡易課税から原則課税への変更は、簡易課税選択から2年が経過していれば移行できますが、原則課税から簡易課税へ移行しようとするときには、注意が必要です。**「調整対象固定資産」または「高額特定資産」を取得した（課税仕入を行った）場合には、簡易課税制度と免税事業者の選択を、取得した日が属する課税期間を含む3年間できません**（各対象者については右表参照）。

調整対象固定資産とは、「棚卸資産や土地などの非課税資産を除く固定資産（建物、機械装置、船舶、車両運搬具、工具器具備品など）のうち取得価額（税抜金額）が100万円以上のもの」のこと。一方、高額特定資産とは「棚卸資産と調整対象固定資産のうち取得額（税抜金額）1,000万円以上のもの」のことです。両者の違いのポイントは取得価額と棚卸資産を含むかどうかです。

紙面の都合上、大雑把な説明となりますが、3年間も原則課税に固定される理由は、固定資産は長期にわたって使用することを前提にしているため、取得した事業年度だけで仕入税額控除を完結させてしまうと、実態にそぐわないケースが出てくるからです。もっというと、租税回避のスキームとして利用される盲点があったことから、3年間というしばりが設けられるようになりました。

なお、**「修繕」については高額特定資産の対象外**となっています。つまり、建物や施設の1,000万円以上を超える大規模修繕を実施しても、資産計上が不要な修繕費であれば、3年間のしばりなしで原則課税から簡易課税へ変更することが可能です。

● 調整対象固定資産と高額特定資産の相違点

資産の種類	調整対象固定資産	高額特定資産
対象事業者	課税事業者選択事業者、新設法人または特定新規設立法人で、原則課税適用事業者	課税事業者かつ原則課税適用事業者
1取引当たりの金額	100万円（税抜）以上	1,000万円（税抜）以上
対象資産	固定資産	・固定資産　・棚卸資産

● 調整対象固定資産に該当する例・しない例

ケース❶

社用車を350万円で取得した

▼

社用車のため、棚卸資産ではなく固定資産。取得価額も100万円以上のため、調整対象固定資産。

ケース❷

販売用のトラクターを250万円で取得した

▼

取得価額が100万円以上だが、販売用のため棚卸資産となり、調整対象固定資産には該当しない。

● 調整対象固定資産、高額特定資産の3年しばりのルール

ケース❶　一般の設備投資や固定資産の取得に合わせて原則課税に変更する場合

1年目	2年目	3年目（設備投資）	4年目	5年目
簡易課税	簡易課税	原則課税	簡易課税	簡易課税

ケース❷　調整対象固定資産、高額特定資産の取得に合わせて原則課税に変更する場合

1年目	2年目	3年目（設備投資）	4年目	5年目
簡易課税	簡易課税	原則課税	原則課税	原則課税

3年間は簡易課税制度と免税事業者を選択できない

まとめ　　□ 調整対象固定資産や高額特定資産を課税仕入すると、
3年間は課税事業者、原則課税に固定される

原則課税で2割特例を適用中の事業者が簡易課税制度へ移行する場合の手続き

● 届出日の属する課税期間から簡易課税へ移行が可能

免税事業者がインボイス制度に登録した適格請求書発行事業者で、基準期間の課税売上高が1,000万円以下等の要件を満たす場合、2023年10月1日から2026年9月30日までの属する事業年度は2割特例を適用できます（P.26参照）。原則課税、簡易課税のどちらを選択していても、本来の課税方式に準じた計算や請求書等の管理を行う必要はありません。では、このうち2割特例を適用する原則課税の事業者が、翌事業年度から簡易課税に移行する場合には、どのような手続きが必要になるのでしょうか。

本来、原則課税から簡易課税に移行するには、適用したい事業年度の開始日の前日までに消費税簡易課税制度選択届出書を提出する必要があります（P.80参照）。ただし、**2割特例を適用した事業者に限っては、適用したい事業年度中に消費税簡易課税制度選択届出書を提出**すれば、簡易課税への移行が認められます。

たとえば、2023年10月1日の属する事業年度は基準期間の課税売上高等1,000万円以下のため、原則課税の事業者として2割特例を適用。ところが、**翌事業年度は基準期間の課税売上高1,000万円超で2割特例を適用できないケース**があります。そのまま、簡易課税の届出をせずに翌事業年度が開始した場合、本来であれば、その事業年度の消費税の納税額は原則課税による仕入税額控除で計算することになりますが、前記の特別ルールにより、翌事業年度開始後に消費税簡易課税制度選択届出書を提出すれば、その事業年度から簡易課税に移行できるようになっています。

● 2割特例の概要と適用期間

対象	免税事業者からインボイス制度に登録した適格請求書発行事業者 ※以下等により免税事業者から外れる事業者は対象外 ・基準期間または特定期間の課税売上高が1,000万円を超える場合 ・資本金1,000万円以上の新設法人
納税額	預かった消費税 × **20%** ← 原則課税・簡易課税・業種を問わず一律
適用期間	── 法人 ── 2023年10月1日から2026年9月30日までの日の属する各課税期間 ── 個人事業主 ── 2023年分（10〜12月分のみ）の申告から2026年分の申告まで 2023/10/1 ◀ インボイス制度開始　　2026/10/1 **特例期間** 納税額は預かった消費税の20% 本来の原則課税または簡易課税から選択

● 原則課税で2割特例を適用後の簡易課税への移行

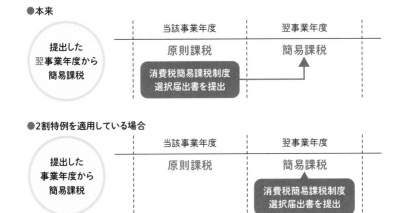

●本来

	当該事業年度	翌事業年度
提出した 翌事業年度から 簡易課税	原則課税 消費税簡易課税制度選択届出書を提出	簡易課税

●2割特例を適用している場合

	当該事業年度	翌事業年度
提出した 事業年度から 簡易課税	原則課税	簡易課税 消費税簡易課税制度選択届出書を提出

まとめ　　□ 基準期間の課税売上高の要件を満たしているか注意

　　　　　　　□ 2割特例適用事業者は届出した事業年度から簡易課税に

Part
5

簡易課税、2割特例を選択した場合のメリット・デメリット

107

課税事業者の個人事業主は
「法人成り＋2割特例」で節税のチャンス

● 課税事業者であっても、法人成りで2割特例の適用が可能に

　2割特例の対象者は適格請求書発行事業者になるまで免税事業者であったことが要件です。そのため、すでに課税事業者である個人事業主がインボイス制度に登録した場合には適用できません。

　しかし、課税事業者の個人事業主であっても、**インボイス制度への登録前に法人成りすることで、2割特例を適用**できるようになります（資本金1,000万円未満）。新設法人は原則1年目の事業年度は免税事業者となるため（P.22参照）、2割特例の適用に必要な「免税事業者から課税事業者」の要件をクリアできるのです。

　課税事業者の個人事業主で、簡易課税の事業区分が第3種、4種、5種の人や、原則課税による納税額が売上時に預かった消費税額の20%を上回る人は消費税の納税額を減らすことができます。ただし、会社の設立には、法定費用として株式会社で約24万円（電子定款なら約20万円）、合同会社で約10万円（電子定款なら約6万円）かかります。また、赤字でも法人住民税の均等割りが年に最低7万円。そのほか社会保険料も納めなくてはなりません。**法人成りするかどうかは、これらの負担も含めて、総合的に判断**する必要があります。

　なお、個人事業主で基準期間の課税売上高が5,000万円超の場合、簡易課税の選択はできません。しかし、法人成りの場合、1年目と2年目は基準期間の課税売上高がありませんので、簡易課税を選択する余地もあります。たとえば、法人成り1期目は2割特例、2期目は特定期間の判定で、2割特例の適用はできなくても簡易課税は適用可能、というように選択肢が広がる可能性があります。

● 個人事業主がインボイス制度に登録後の2割特例適用の可否

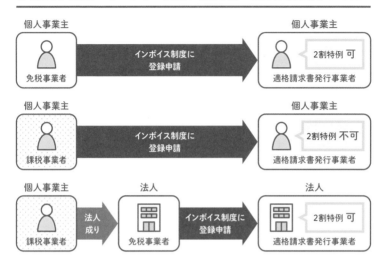

● 原則課税、簡易課税、2割特例の納税額シミュレーションサービス

ウェブ上では、消費税納税額のシミュレーションサービスがさまざま提供されている。右図のfreee株式会社のシミュレーターを例にとると、「業種」「売上高」「経費」「免税事業者からインボイス発行事業者になったか」の4つの項目を入力するだけで試算できる。2割特例の適用を前提にするか迷う場合は参考にしてみるといいだろう

URL
https://www.freee.co.jp/
accounting/consumption-
tax-simulation/

消費税 納税 シミュレーター

❶ 業 種　　　　　　　　　　　製造業 ▼

❷ 年間の売上高
国内で行った商品やサービスの販売で得た売上げ（課税売上げ）について、ご入力ください　　　　　　　　　　　0　万円
詳細入力　　　　　　　　　　　+

❸ 年間の経費
会社経費や外注費、水道光熱費、消費交通費など、事業運営でかかった経費（課税仕入れ）について、ご入力ください　　0　万円
詳細入力　　　　　　　　　　　+

❹ 免税事業者からインボイス発行事業者になった方ですか？　　はい ○　いいえ ◉
2年間（単年期間）の課税期間中の月以上等の要件を満たす必要です

[💻 計算する]

まとめ
☐ 個人事業主の課税事業者は法人成りで2割特例適用可に
☐ 法人成りが得になるかは法人の設立費用なども考慮

税込経理と税抜経理への影響

　税抜経理とは、売上や経費を税抜き価格で計算する方法です。消費税分は「仮払消費税」「仮受消費税」として計算し、確定申告で相殺し、その差額が納付する消費税額となります。

　税抜経理は仕訳を税抜金額と消費税の2つに分けなければならず、処理に手間がかかるデメリットがありますが、決算書や試算表の利益や経費が消費税抜きで表示されるので、正確な期間損益がわかる点と、仮払消費税と仮受消費税の差額から、納付する税額がすぐにわかる点がメリットです。

　一方、税込経理は売上や経費を税込金額で計算し、消費税は確定申告で納税した事業年度の租税公課（勘定科目の一つ）として損金（経費）に算入します。

　税込経理には、仕訳が簡単というメリットがありますが、その反面、利益や経費が消費税込みで計算されているため、正確な期間損益の把握ができない、また決算時まで実際の消費税額が確認できないというデメリットがあります。

　免税事業者は税込経理の方法しか認められていませんが、インボイス制度の登録によって課税事業者となった場合は、税抜経理、税込経理、どちらを選択してもよいとされています。

　簡易課税制度を選択しているなら、売上にみなし仕入率を乗じるだけなので、税込経理でも課税売上高を正しく把握していれば、消費税額の把握はほとんど問題ないでしょう。

　税抜経理でも会計ソフトなどを使用すれば、極端に手間が増えるわけではありません。ただし、会計ソフトを導入後も経過措置があるため、ソフトのバージョンアップは必須です。

Part

6

原則課税の事業者は特に注意

インボイス制度で変わる
経理のルール

適格請求書発行事業者になる
経理部門・担当者の心得

● 経理部門主導で社内にインボイス制度のルールを徹底させる

　インボイス制度の導入で経理部門の作業量は増加します。受け取った請求書や領収書が適格請求書の要件を満たしているかどうかの確認や、経費精算で提出されるレシート等も、適格請求書とそうではないものを分類する必要があります。会計ソフトへの入力時も、適格請求書発行事業者と免税事業者を区別しなければなりません。

　こうした負担軽減のために経理部門・担当者が心がけておくべきことは大きく2点です。一つは**適格請求書の発行の不備で売上先に迷惑をかけないこと**。もう一つは原則課税の場合に、**受け取った適格請求書の不備に気づかずに仕入税額控除を受けられない（二重課税になる）ことがないようにする**ことです。

　また、仕入先などから直接請求書をもらう立場の社員にも、インボイス制度の正しい知識がないと、仕入税額控除に必要な書類が経理に上がってこないことも考えられます。**経理部門が主導して購買・仕入部門の担当者にインボイス制度のルールを指導し、徹底させる**必要があるでしょう。**一般社員の経費精算**についても同様です。

　なお、2023年10月1日以降に適格請求書発行事業者の登録申請をした場合、登録日と通知が届くまでに時間差が生まれる可能性があります。その間に発行した請求書等については、登録日にさかのぼって登録番号などの不足情報を相手先に通知しなければなりません。

　反対にインボイス制度開始前（2023年9月30日まで）に登録番号が通知されている場合、適格請求書発行事業者であることの周知のために、事前に請求書などに登録番号を記載するのは構いません。

● 経理部門が社内周知を図らないと対応できない

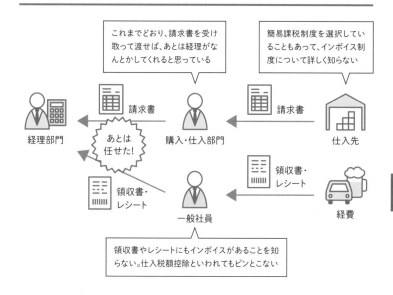

これまでどおり、請求書を受け取って渡せば、あとは経理がなんとかしてくれると思っている

簡易課税制度を選択していることもあって、インボイス制度について詳しく知らない

経理部門

請求書

あとは任せた！

購入・仕入部門

請求書

仕入先

領収書・レシート

一般社員

領収書・レシート

経費

領収書やレシートにもインボイスがあることを知らない。仕入税額控除といわれてもピンとこない

● インボイス制度開始後に適格請求書発行事業者の登録申請をした場合

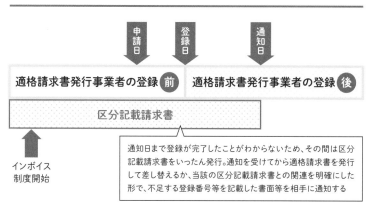

申請日　登録日　通知日

適格請求書発行事業者の登録 前　適格請求書発行事業者の登録 後

区分記載請求書

インボイス制度開始

通知日まで登録が完了したことがわからないため、その間は区分記載請求書をいったん発行。通知を受けてから適格請求書を発行して差し替えるか、当該の区分記載請求書との関連を明確にした形で、不足する登録番号等を記載した書面等を相手に通知する

まとめ
□ 仕入税額控除の要件が複雑になり、経理の負担が増える
□ 通知までのタイムラグは登録日に遡ってインボイス発行

原則課税で仕入税額控除を受けるには発行側も控えの保存が必要に

● 保存期間は7年間、電子化の検討も

　簡易課税や2割特例の課税事業者は"仕入税額控除を受けるため"に、仕入に係る帳簿や請求書等を保存しておく必要はありません。ただし、仕入税額控除を受けるのに必要はなくても、所得税法や法人税法上、事業年度の確定申告書の提出期限の翌日から最低7年間保存しておく必要があります。

　一方、**原則課税の場合は7年間の保存が仕入税額控除を受ける要件**となります。インボイス制度の開始後、特に注意が必要なのは、**適格請求書等を受け取る側だけでなく、発行する側にも控えの保存が義務づけられている**ことです。これまでと違って控えの保存を忘れると、原則、発行側も消費税の仕入税額控除を受けられません。

　また、現在、税込3万円未満の取引については、請求書の保存は必要とされていませんが、インボイス制度開始後は保存が必要です。一部、税込3万円未満の公共交通機関の運賃や、基準期間における課税売上高が1億円未満の事業者における税込1万円未満の支払いなどについては適格請求書等は不要ですが（P.46、48参照）、仕入に関係する書類はできるだけすべて保存しておきましょう。

　前述のとおり、適格請求書等の保存義務は適格請求書等の発行側、受け取った側の双方にあります。また、請求書と納品書など複数の書類を組み合わせて適格請求書の要件を満たす場合もあるため（P.66参照）、保存する書類の数が膨大になることが予想されます。その緩和に一役買うと見られているのが請求業務の電子化で、2022年1月に電子帳簿保存法が右記のように改正されています。

● 帳簿の記載事項

A.必須の記載事項	
①	課税仕入の相手方の氏名または名称
②	課税仕入を行った年月日
③	課税仕入の内容（課税仕入が他の者から受けた軽減対象資産の譲渡等に係るものである場合には、資産の内容および軽減対象資産の譲渡に係るものである旨を記載）
④	課税仕入の支払対価の額

B.帳簿の保存のみで仕入税額控除が認められる仕入についての追加記載事項	
⑤	帳簿のみの保存で仕入税額控除が認められる課税仕入である旨
⑥	仕入の相手方の住所又は所在地

● 電子帳簿保存法・改正（2022年1月）のポイント

電子帳簿保存法承認制度の廃止

従来、3カ月前に提出が求められていた事前承認申請書が不要に

適正事務処理要件の廃止

不正利用防止目的としてスキャナ保存には2名の相互牽制が必要だったが、要件の廃止により1人での作業が可能に。受領者の署名も不要

タイムスタンプの付与期限の延長

「書類の受領者とスキャンする人が同じ場合は3日以内」など細かな分類かつ厳しい要件が定められていたが、「最長約2カ月とおおむね7営業日以内」に統一・延長

検索要件の緩和

検索必須要件が「年月日」「金額」「取引先」の3項目だけに

電子取引をした請求書の紙保存ができなくなる

電子データで受領した請求書等は、電子保存が原則に

電子データの保存要件緩和

社内のローカル環境ではなくクラウドサーバー上での保存が可能に。電子データの修正・削除をログに残せるシステムであれば、タイムスタンプの付与が不要に

Part
6

インボイス制度で変わる経理のルール

まとめ
□ 適格請求書等や帳簿を7年間保存する義務がある
□ 受け取る側だけでなく、発行側にも保存の義務がある

適格請求書に誤りがあっても
受け取り側での修正は認められない

● 請求書も領収書も誤りがあれば再発行を依頼する

インボイス制度の開始によって、経理の実務面で覚えておかなければならない、重要なルール変更があります。

これまでの区分記載請求書では、軽減税率対象品目の記載や税率ごとに支払い金額が書かれていなかった場合、受け取り側（買手）が追記して保存することが認められてきましたが、適格請求書や適格簡易請求書、適格返還請求書では、受け取り側による修正や追記は一切認められなくなっています（P.61、63参照）。

ですから、もし受け取った**適格請求書等に記載事項の漏れや誤りがあった場合は、売手である発行側に再発行してもらう必要があります。**修正による再発行を求められた側が必ず応じることが義務づけられているので、遠慮せずに依頼してください。

適格簡易請求書についても同じです。たとえ手書きの領収書であっても、受け取り側が勝手に記載事項に追記や訂正を加えてはいけません。必ず再発行を求めるよう、経理部門だけでなく、社内に徹底しておきましょう。

ただし、例外として、受け取り側が修正を加えてもよいケースが一つだけあります。それは買手である受け取り側が仕入明細書を作成し、適格請求書発行事業者である売手の確認を受けて請求書として保存している場合です。

この場合は、**買手が適格請求書の記載事項に該当する部分の誤りを修正した仕入明細書を作成し、売手の確認**を受ければ、適格請求書として仕入税額控除を受けることができます。

● 適格請求書等に誤りがあった場合の受け取った側、発行側の各対応

	受け取った(買手)側	発行(売手)側
仕入明細書等を作成していない	・適格請求書等に不備があっても、自ら修正や追記はできない ・発行した事業者に、修正した適格請求書等を再発行してもらう ・再発行された適格請求書等を保存する	・受け取った側(買手側)の事業者から不備を指摘されたら、修正した適格請求書等を再発行する義務がある ・当初発行した誤った適格請求書等と、再発行した修正済みの適格請求書等の両方の写しを保存する
仕入明細書等を作成している	・発行した事業者に、修正した適格請求書を再発行してもらう。 ・あるいは、自ら(受け取った側)で適格請求書等の不備を修正した仕入明細書等を作成し、発行側の事業者に確認を受ける ・作成した仕入明細書を保存する	・受け取った側(買手側)の事業者から不備を指摘されたら、修正した適格請求書等を再発行する義務がある ・受け取った側の事業者が作成した修正済みの仕入明細書等の内容を確認する ・修正済みの仕入明細書等の確認をした場合、適格請求書等の再発行は不要

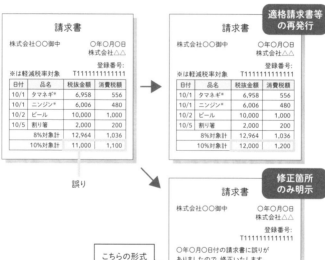

Part 6

インボイス制度で変わる経理のルール

こちらの形式
でもOK

まとめ

□ 適格請求書等の修正は必ず発行者側に依頼

□ 手書きの領収書であっても、買手側による修正はNG

消費税の端数処理のルールが
統一される

● 端数処理は適格請求書1枚あたり、税額別に1回だけ

　インボイス制度の導入によって、消費税の端数処理のルールが統一されます。

　これまでは消費税の計算で生じた小数点以下の端数処理については、「品物や項目ごとの消費税額（右図❶）」「**請求書単位で税率ごとに合計した売上金額をもとに計算した消費税額（右図❷）**」のいずれかに対して行っていました。しかし、2023年10月1日のインボイス制度開始後は、**❷の端数処理の方法で統一**されます。すなわち、請求書の税率ごとに1回の処理で済ませるということです。

　そのため、現在、❶の計算方法で品目や項目ごとに消費税額の端数処理を行っている場合は、適格請求書発行事業者になるタイミングに合わせて請求システムを変える必要があります。**計算方法の違いによって、消費税額が違ってきます。**

　また、毎日納品を行う事業者が、日々の納品書と月に1回に発行する請求書を組み合わせて適格請求書としているなど、**複数の書類を組み合わせて適格請求書の要件を満たしているケースでは**（P.66参照）、**1日分の納品書ごとに端数処理**することができます。

　取引量や取引回数がよほど多くない限り、❶から❷に計算方法の変更をし忘れても、消費税額の違い自体はわずかです。しかし、❶の計算方法による請求書では、相手は仕入税額控除が行えないため、気づいた時点で請求書を再発行しなければならなくなります。日々、請求書を発行するような業種では、膨大な数の請求書を再発行しなければならなくなるため、くれぐれも注意しましょう。

● 端数処理方法の違いによる請求金額の違い

❶個々の商品ごとに消費税額を計算（その都度端数処理）

インボイス制度
開始後はNG!

請求書

株式会社○○御中

○年○月○日
株式会社△△

登録番号:
T1111111111111

※は軽減税率対象

日付	品名	単価	数量	税抜金額	消費税額
10/1	タマネギ※	49	142	6,958	556
10/1	ニンジン※	78	77	6,006	480
10/2	ビール	249	72	17,928	1,792
10/5	割り箸	327	7	2,289	228
			8%対象計	12,964	1,036
			10%対象計	20,217	2,020

◀── 556.64を端数処理
◀── 480.48を端数処理
◀── 1792.8を端数処理
◀── 228.9を端数処理

❷税率ごとに税抜金額を合計後、消費税額を計算

インボイス制度
開始後はこちらで
一本化!

請求書

株式会社○○御中

○年○月○日
株式会社△△

登録番号:
T1111111111111

※は軽減税率対象

日付	品名	単価	数量	税抜金額	消費税額
10/1	タマネギ※	49	142	6,958	―
10/1	ニンジン※	78	77	6,006	―
10/2	ビール	249	72	17,928	―
10/5	割り箸	327	7	2,289	―
			8%対象計	12,964	1,037
			10%対象計	20,217	2,021

◀── 1037.12を端数処理
◀── 2021.7を端数処理

まとめ

□ 消費税額の端数処理は1請求書あたり、各税率の合計額に1回行
うルールで統一

適格簡易請求書には
税込／税抜金額を混在できない

● 税込か税抜かのどちらか一方に統一する

　領収書やレシートなどの適格簡易請求書では、適格請求書と違って、受け取る側の氏名や名称の記載を省略することが認められています。もう一つ大きな違いは消費税の記載です。適格請求書では税率と消費税の両方を記載しなければいけませんが、**適格簡易請求書ではどちらか一方の記載**で構いません（P.34 参照）。

　注意したいのは、スーパーなどに多いのですが、発行するレシートに税込金額と税抜金額が混在しているケースです。2021 年 4 月 1 日から消費者が支払額を容易に把握できるように、消費税の総額表示が義務化されました。しかし、これは購入時のトラブルを避けることが狙いのため、レシートは同ルールの対象外となっています。そのため、1 枚のレシートに、たばこなど法令や条例によって小売定価が定められている商品は税込金額、一般商品については税抜金額を記載している例は珍しくありませんでした。

　インボイス制度の開始後も、レシート（適格簡易請求書）に明細の品目（商品）ごとに税込金額と税抜金額が混在するのは問題ありませんが、**税率ごとの合計額についてはどちらかに統一して記載し**なければなりません。そのため、税込金額と税抜金額が混在している場合には、**税率ごとの合計額を記載する際に、税込か税抜のどちらかに統一させるための計算が必要**になります。右図は税抜の場合の計算例ですが、計算方法はどちらでも構いません。その際の計算で生じた端数については処理方法（切上げ・切捨て・四捨五入等）や回数は自由に選ぶことができます。

● 税抜金額に統一した適格簡易請求書の例

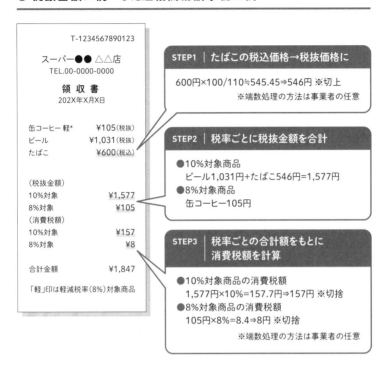

領収書

T-1234567890123

スーパー●● △△店
TEL.00-0000-0000

領 収 書
202X年X月X日

缶コーヒー 軽*	¥105(税抜)
ビール	¥1,031(税抜)
たばこ	¥600(税込)

(税抜金額)	
10%対象	¥1,577
8%対象	¥105
(消費税額)	
10%対象	¥157
8%対象	¥8
合計金額	¥1,847

「軽」印は軽減税率(8%)対象商品

STEP1 | たばこの税込価格→税抜価格に

600円×100/110≒545.45≒546円 ※切上
　　　　　　　　　　　　※端数処理の方法は事業者の任意

STEP2 | 税率ごとに税抜金額を合計

● 10%対象商品
　ビール1,031円+たばこ546円=1,577円
● 8%対象商品
　缶コーヒー105円

STEP3 | 税率ごとの合計額をもとに消費税額を計算

● 10%対象商品の消費税額
　1,577円×10%=157.7円⇒157円 ※切捨
● 8%対象商品の消費税額
　105円×8%=8.4⇒8円 ※切捨

　　　　　　　※端数処理の方法は事業者の任意

●税抜にする場合の計算方法

【計算方法❶】
550円×100/110=500　⇒ 500円
600円×100/110≒545.45 ⇒ 546円
500円+546円=1,046円

合計 1,046円

【計算方法❷】
550円+600円=1,150円
1,150円×100/110≒1,045.4545…

合計 1,046円

商品ごとに税抜金額を割り出してから合計しても(計算方法❶)、各商品の税抜金額を合計してから税抜金額を割り出しても(計算方法❷)、どちらでもOK。

まとめ　　□ 税率ごとの合計額は「税込」「税抜」どちらかに統一
　　　　　　□ 統一のための計算のルールは決まっていない

インボイス制度の手間の軽減には
電子データによる取引が有効

● 書類の量を減らすなら電子データとの組み合わせも

　適格請求書は発行側も控えの保存が必要とされます（P.114 参照）。また、納品書と区分記載請求書納品書の組み合わせなど、複数の書類で適格請求書の要件を満たしていれば、仕入税額控除を受けることができます（P.66 参照）。いずれにしても、これまでより保存が必要な書類の量が増えて、管理の負担が増すことは間違いありません。その対策として有力なのが、電子データの活用です。

　たとえば、毎日発行する納品書は電子データでやり取りし、月末に1カ月分まとめてこれまでどおりの区分記載請求書を発行する形でも、**納品書と請求書の関係が明確にされていて、適格請求書の対象となる取引内容がきちんと確認できる場合には、適格請求書の要件を満たしているものとして認められます**。すなわち、仕入税額控除を受けられます。

　なお、消費税法上では、電子データを紙に印刷して保存する形でも、仕入税額控除は受けられます。ただし、法人税法・所得税法上では、2022 年（令和4年）1月の電子帳簿保存法の改正により、作成・授受した電子データのまま保存（＝電子保存）することが義務化されています（紙で受領した書類を現状どおり紙で保存することは問題ありません）。電子保存については、2023 年 12 月末まで猶予期間が設けられていますが、**それ以降は仕入税額控除を受けられても、法人税法・所得税法上はペナルティが発生**します。青色申告の事業者は承認を取り消される可能性もあるため、インボイス制度の開始とともに電子帳簿保存法への対応も進めましょう。

● インボイス制度と（改正）電子帳簿保存法の関係

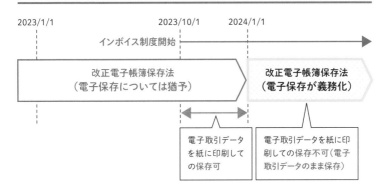

2023/1/1　　　　　　　　2023/10/1　　2024/1/1

インボイス制度開始

改正電子帳簿保存法
（電子保存については猶予）

改正電子帳簿保存法
（電子保存が義務化）

電子取引データを紙に印刷しての保存可

電子取引データを紙に印刷しての保存不可（電子取引データのまま保存）

● 電子帳簿保存法の対象になる帳簿・書類と保存方法

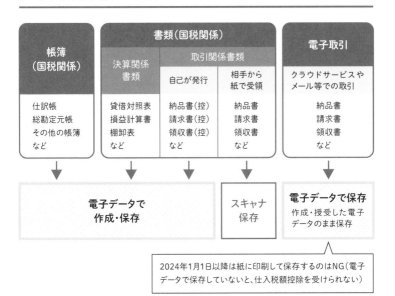

帳簿 （国税関係）	書類（国税関係）			電子取引
	決算関係書類	取引関係書類		クラウドサービスやメール等での取引
		自己が発行	相手から紙で受領	
仕訳帳 総勘定元帳 その他の帳簿 など	貸借対照表 損益計算書 棚卸表 など	納品書（控） 請求書（控） 領収書（控） など	納品書 請求書 領収書 など	納品書 請求書 領収書 など

電子データで
作成・保存

スキャナ
保存

電子データで保存
作成・授受した電子データのまま保存

2024年1月1日以降は紙に印刷して保存するのはNG（電子データで保存していないと、仕入税額控除を受けられない）

まとめ　　□ インボイス関係の書類削減には、電子取引データの活用も

　　　　　□ 電子帳簿保存法への対応も進めておく

適格請求書の扱いに気をつけたい
事業者間の立替払いの精算

● 立替払いでは精算書などによる証明書類が必要

事業者間の取引では、本来、買手側が負担すべき費用を、売手側で一時的に立替えて支払うことがよくあります。右の図は、A社が買手側の小売店、B社が売手側のメーカー、C社が商品を配送する運送業者という設定で、B社がA社に代わって配送料を立替えた場合のケースです。

このとき、C社に配送料を直接支払っているのはB社です。当然、C社はB社宛てに適格請求書を発行することになります。そのため、B社は立替えた配送料を精算するため、C社が発行した適格請求書をA社に渡しても、A社は仕入税額控除を受けることはできません。なぜならば、宛名にA社の名前の記載がないからです。

このようなケースでは、B社からC社に支払った配送料がA社の仕入の立替えであることを明らかにするため、B社はA社に対して別途「立替金精算書」等を発行する必要があります。

A社は、この**立替金精算書と、B社がC社から受け取った適格請求書（P.46、48に該当する場合は区分記載請求書も可）の写しをセットにしてもらうことで、はじめて仕入税額控除を受けられるようになります。**適格請求書の原本についてはB社で保管します。

なお、A社が仕入税額控除を受けるためには、C社が適格請求書発行事業者でなければならないのは大前提ですが、**立替払いを行うB社は適格請求書発行事業者である必要はありません。**

また、**従業員の交通費や接待費等の経費精算についても基本的な考え方は同じです**（P.44参照）。

● 立替払いの際の適格請求書等の扱い

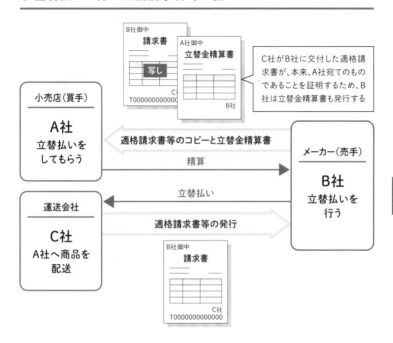

B社御中
請求書
写し
C社
T0000000000000
A社御中
立替金精算書
B社

C社がB社に交付した適格請求書が、本来、A社宛てのものであることを証明するため、B社は立替金精算書も発行する

小売店（買手）
A社
立替払いを
してもらう

← 適格請求書等のコピーと立替金精算書

精算 →

メーカー（売手）
B社
立替払いを
行う

運送会社
C社
A社へ商品を
配送

← 立替払い

適格請求書等の発行 →

B社御中
請求書
C社
T0000000000000

● 従業員が立替払いをする・精算する場合の3つのルール

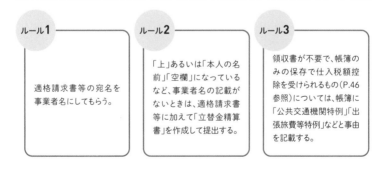

ルール1

適格請求書等の宛名を事業者名にしてもらう。

ルール2

「上」あるいは「本人の名前」「空欄」になっているなど、事業者名の記載がないときは、適格請求書等に加えて「立替金精算書」を作成して提出する。

ルール3

領収書が不要で、帳簿のみの保存で仕入税額控除を受けられるもの（P.46参照）については、帳簿に「公共交通機関特例」「出張旅費等特例」などと事由を記載する。

まとめ
□ 適格請求書に加えて立替金精算書などが必要
□ 立替を行う事業者は適格請求書発行事業者でなくてもOK

返品によって返金する場合は
適格返還請求書の発行が必要

● 正確な仕入税額控除の計算に必要な適格返還請求書

　適格返還請求書とは、**適格請求書発行事業者が一度売り上げた商品等に対して、返品を受けたり、値引きしたりする際に発行が義務づけられているもの**です。たとえば、右図のように、最初の取引で売手 A が買手 B に 100 万円の適格請求書を発行。その後、B から返品があり、10 万円を返金したとします。すると、B は最終的に 90 万円分の仕入しか行っていません。もし B が最初に発行された 100 万円のインボイスで仕入税額控除を計算すると、売上割戻しの 10 万円分が過大控除となってしまいます。そこで返品や値引きがあった場合には、売手から買手へ適格返還請求書を発行します。

　この**適格返還請求書に記載する年月日は、返品した日付と返品の対象となった商品・サービスの当初の取引日**です。ただし、当初の取引日については、「○月○日〜○月△日分」あるいは「○月末日分」など、常識の範囲内で**一定期間の返品分に対する返金を、まとめて適格返還請求書に記載**することが認められています。

　なお、**納品書や支払通知書が右図の記載要件を満たしていれば、適格返還請求書として認められます。**この場合、改めて適格返還請求書を発行する必要はありません。

　また、令和 5 年度税制改正により、**税込 1 万円未満の場合には、適格返還請求書の発行が不要**となりました。この取り扱いは**基準期間の売上高に関係なく、すべての事業者に適用**となります。これにより、振込手数料相当額を売上値引きとして処理している場合の事務処理負担が軽減されます。

適格返還請求書の発行が必要なケース

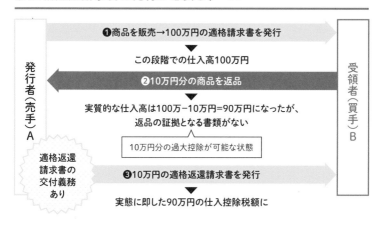

発行者(売手)A	受領者(買手)B

❶商品を販売→100万円の適格請求書を発行

▼

この段階での仕入高100万円

❷10万円分の商品を返品

実質的な仕入高は100万-10万円=90万円になったが、返品の証拠となる書類がない

> 10万円分の過大控除が可能な状態

適格返還請求書の交付義務あり

❸10万円の適格返還請求書を発行

▼

実態に即した90万円の仕入控除税額に

適格返還請求書の記載例(支払通知書が要件を満たしている場合)

支払通知書

株式会社○○御中

※は軽減税率対象　　　　　　　登録番号: ①T1234567890123

○年○月○日
株式会社△△

10/1〜10/31		
日付	品名	金額
10/1	商品A	8,000
10/2	商品B	15,000
10%対象(税抜)	160,000	10%消費税　16,000

③④返品		
10/15	商品B	5,000
10/15	商品F	7,000
⋮	⋮	⋮
小　計		32,000

8%対象(税抜)	0	8%消費税	0
⑤10%対象(税抜)	32,000	⑥10%消費税	3,200

支払金額合計

8%対象(税抜)	0	8%消費税	0

適格返還請求書の記載要件

①適格請求書発行事業者の氏名または名称及び登録番号
②対価の返還等を行う年月日
③対価の返還等のもととなった取引を行った年月日
④対価の返還等の取引内容
⑤税率ごとに区分して合計した対価の返還等の金額(税抜または税込)
⑥対価の返還等の金額に係る消費税額等または適用税率

まとめ

□ 返品や値引きでは、売手側は適格返還請求書の発行が必要
□ 要件を満たせば、納品書や支払通知書でも代替できる

適格請求書と適格返還請求書は
ひとまとめにしてもOK

● 割戻し制度の適格返還請求書は適格請求書とまとめられる

　日本独特の商習慣として根づいているのが、「売上高や取引高に応じて、○割をバックする」などの割戻し制度です。販売奨励金、リベート、インセンティブ、売上（仕入）割戻金、報奨金など、名称はさまざまですが、**「売上に係る対価の返還等の取引に該当する」ものは基本的にすべて同じ扱い**となります。じつは前項でお話しした返品もここに含まれます。したがって、割戻しについても、適格返還請求書の発行が必要になります。

　ただし、これまで販売報奨金等を支払うときは、一枚の請求書に本来の請求金額と販売報奨金等の値引き額を記載し、両者を相殺して合計請求金額としているところが多いと思います。同様にインボイス制度の開始後も、適格請求書と適格返還請求書を一つの書類にまとめて処理することが可能です。

　具体的には、**ある月の請求書に前月の販売奨励金の内容を記載**します。たとえば、10月分の販売実績による販売奨励金を翌月分の11月分の請求書に一緒に記載するといった形をとります。記載方法には、1枚の請求書に適格請求書と適格返還請求書に必要な事項をそれぞれ記載する**「個別記載型」**（右図❶）と、同じく1枚の請求書に、当月の請求金額から前月の販売奨励金を控除した分の金額を記載する**「控除型」**（右図❷）の2種類があります。

　なお、本来、適格返還請求書は売手側が発行しますが、買手側が販売奨励金の実績を適格返還請求書として発行することもできます。売手と買手の双方が了解し情報共有できていることが前提です。

● 適格請求書と適格返還請求書を一つの書類にまとめる場合の記載方法

❶ 個別記載型

適格請求書と
適格返還請求書を
個別に記載

> 適格請求書として
> 必要な記載事項

請求書

株式会社〇〇御中			〇年〇月〇日
			株式会社△△

※は軽減税率対象　　　　　　　　登録番号: T1234567890123

日付	品名	単価	数量	金額
11/1	梅ジュース※	96	50	4,800
11/1	杏ジュース※	48	77	3,696
11/2	ビール	249	72	17,928
⋮	⋮	⋮	⋮	⋮
	合　計			167,000
8%対象(税抜)	122,000	8%消費税		9,760
10%対象(税抜)	45,000	10%消費税		4,500

> 適格返還請求書として
> 必要な記載事項

	販売奨励金			
10/31	梅ジュース※	ー	ー	960
⋮	⋮	⋮	⋮	⋮
	合　計			5,200
8%対象(税抜)	3,600	8%消費税		288
10%対象(税抜)	1,600	10%消費税		160
	請求金額			175,612

❷ 控除型

適格請求書から
適格返還請求書を
控除して記載

継続的に
①本来の売上から売上
　に係る対価の返還等
　の金額(販売報奨金
　など)を控除した金額
　　　＋
②「①」の金額に基づき
　計算した消費税額等

を税率ごとに記載すれ
ば記載事項を満たす

請求書

株式会社〇〇御中			〇年〇月〇日
			株式会社△△

※は軽減税率対象　　　　　　　　登録番号: T1234567890123

日付	品名	単価	数量	金額
11/1	梅ジュース※	96	50	4,800
11/1	杏ジュース※	48	77	3,696
11/2	ビール	249	72	17,928
⋮	⋮	⋮	⋮	⋮
	合　計			167,000
	販売奨励金			
10/31	梅ジュース※	ー	ー	960
⋮	⋮	⋮	⋮	⋮
	合　計			5,200
	請求金額			175,612
8%対象(税抜)①	118,400	8%消費税②		9,472
10%対象(税抜)	43,400	10%消費税		4,340

まとめ

☐ 現行の販売奨励金の計算を含んだ請求書をインボイス化できる

☐ まとめる方法は「個別記載型」と「控除型」の2種類

税率の異なる商品の一括値引きは
適格簡易請求書で処理する

● 一括値引きでは、適格返還請求書は必要としない

標準税率と軽減税率の商品を同時に購入し、値引きを行った場合の適格簡易請求書を考えてみましょう。

たとえば、「5,000円以上の買い物で1,000円割引」という店舗で、3,300円（税込）のティーカップと2,160円（税込）の紅茶を購入したとします。消費税率はティーカップ10%、紅茶8%と両者で異なります。

このように税率の異なる商品をいっぺんに購入した際に、その合計額から一括して値引きする場合、適用税率ごとの値引き額はわかりません。そのため、値引き前の価格から按分計算して、税率ごとの消費税額を求めます。

このときの適格簡易請求書の記載方法は、**「税込金額を税率ごとに区分して合計した金額」**を記載する方法（右図❶）と、**「値引き前の税込金額または税抜金額を税率ごとに区分して合計した金額と、税率ごとの値引き額」**を記載する方法（右図❷）の2つの方法があります。

一括値引きはP.128で説明した販売奨励金などとは異なり、即時の値引きとなります。つまり、値引き後の金額が課税標準のベースであり、**買手側としても値引き後の金額が課税仕入の対象となるため、適格返還請求書の発行は不要**です。

また、「税率10%対象商品のみ割引可能」など、特定商品のみを対象に値引きする場合、適格簡易請求書には右図❸のように計算して、記載します。

● 一括値引きがある場合の適格簡易請求書

（例）5,000円以上の買い物で1,000円割引した場合

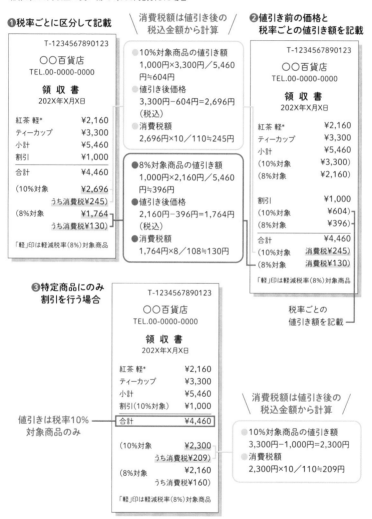

❶税率ごとに区分して記載

T-1234567890123

○○百貨店
TEL.00-0000-0000

領 収 書
202X年X月X日

紅茶 軽*	¥2,160
ティーカップ	¥3,300
小計	¥5,460
割引	¥1,000
合計	¥4,460
（10%対象	¥2,696
うち消費税¥245）	
（8%対象	¥1,764
うち消費税¥130）	

「軽」印は軽減税率(8%)対象商品

\ 消費税額は値引き後の /
税込金額から計算

- 10%対象商品の値引き額
  1,000円×3,300円／5,460円≒604円
- 値引き後価格
  3,300円−604円=2,696円（税込）
- 消費税額
  2,696円×10／110≒245円

- 8%対象商品の値引き額
  1,000円×2,160円／5,460円≒396円
- 値引き後価格
  2,160円−396円=1,764円（税込）
- 消費税額
  1,764円×8／108≒130円

**❷値引き前の価格と
税率ごとの値引き額を記載**

T-1234567890123

○○百貨店
TEL.00-0000-0000

領 収 書
202X年X月X日

紅茶 軽*	¥2,160
ティーカップ	¥3,300
小計	¥5,460
（10%対象	¥3,300）
（8%対象	¥2,160）
割引	¥1,000
（10%対象	¥604）
（8%対象	¥396）
合計	¥4,460
（10%対象	消費税¥245）
（8%対象	消費税¥130）

「軽」印は軽減税率(8%)対象商品

税率ごとの
値引き額を記載

**❸特定商品にのみ
割引を行う場合**

T-1234567890123

○○百貨店
TEL.00-0000-0000

領 収 書
202X年X月X日

紅茶 軽*	¥2,160
ティーカップ	¥3,300
小計	¥5,460
割引（10%対象）	¥1,000
合計	¥4,460
（10%対象	¥2,300
うち消費税¥209）	
（8%対象	¥2,160
うち消費税¥160）	

「軽」印は軽減税率(8%)対象商品

値引きは税率10%
対象商品のみ

\ 消費税額は値引き後の /
税込金額から計算

- 10%対象商品の値引き額
  3,300円−1,000円=2,300円
- 消費税額
  2,300円×10／110≒209円

まとめ

☐ 一括値引きの場合は、適格返還請求書の発行は不要

☐ 税率ごとの値引き額を入れるか入れないかは自由

委託販売での適格請求書は
販売者の代理交付が認められている

● 受託者が委託者に代わって適格請求書を発行

　一般的な取引では、製造業者等が販売店に商品を販売し、それを販売業者が顧客（買手）に販売します。では、陶芸品やバッグ、衣料、アクセサリーなど商品の販売を取引先（販売店）に委託する場合の適格請求書の扱いはどうなるのでしょうか。

　基本的な事柄として、委託販売では、商品を購入した消費者からお金をもらうのではなく、委託者から支払われる販売手数料が売上になります。そのため、商品の仕入という行為自体がありません。たとえば、A社がB社に商品の販売を委託していて、買手Cが購入する場合、商品の所有権はA社にあるため、本来はA社が買手Cに適格請求書を発行すべきです。しかし、実際に買手Cに相対しているのはB社です。

　こうしたときには、**受託者が委託者の適格請求書を代理で発行する方法（代理交付）**と、特例として**受託者自身が適格請求書を発行する方法（媒介者交付特例）**の2つがあります。

　前出の例でいうと、前者の**代理交付は、B社がA社の代理として、A社の名称や登録番号を記載した適格請求書を発行**するものです。発行されるのは委託者の適格請求書となるため、登録番号などはすべて委託者のものを記載します。このときB社は適格請求書発行事業者でなくても構いません。また、代理交付にあたり、B社は「発行した適格請求書の写し」または「提供した電磁的記録」を保存するとともに、これらの写し等をA社に発行または提供します。

　もう一つの「媒介者交付特例」については次項でお話しします。

● 委託販売での代理交付による適格請求書発行の流れ

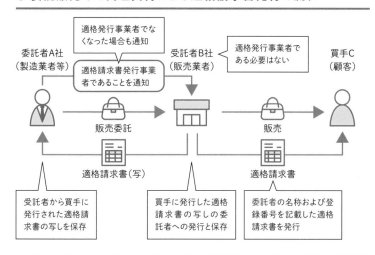

委託者A社
（製造業者等）

適格発行事業者でなくなった場合も通知

適格請求書発行事業者であることを通知

受託者B社
（販売業者）

適格発行事業者である必要はない

買手C
（顧客）

販売委託

販売

適格請求書（写）

適格請求書

受託者から買手に発行された適格請求書の写しを保存

買手に発行した適格請求書の写しの委託者への発行と保存

委託者の名称および登録番号を記載した適格請求書を発行

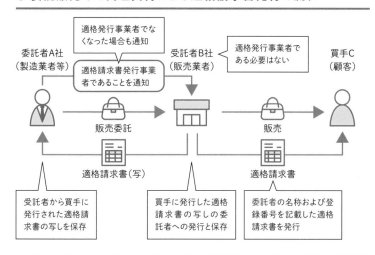

● 代理交付により複数の委託者の取引を記載して発行する場合の記載例

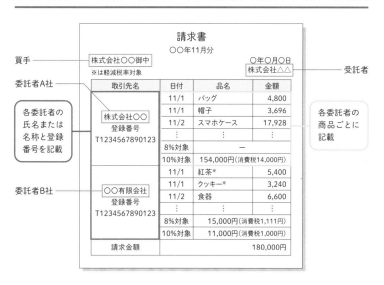

買手

委託者A社

各委託者の氏名または名称と登録番号を記載

委託者B社

請求書
〇〇年11月分

株式会社〇〇御中
※は軽減税率対象

〇年〇月〇日
株式会社△△ ← 受託者

取引先名	日付	品名	金額
株式会社〇〇 登録番号 T1234567890123	11/1	バッグ	4,800
	11/1	帽子	3,696
	11/2	スマホケース	17,928
	⋮	⋮	⋮
	8%対象	—	
	10%対象	154,000円(消費税14,000円)	
〇〇有限会社 登録番号 T1234567890123	11/1	紅茶※	5,400
	11/1	クッキー※	3,240
	11/2	食器	6,600
	⋮	⋮	⋮
	8%対象	15,000円(消費税1,111円)	
	10%対象	11,000円(消費税1,000円)	
請求金額			180,000円

各委託者の商品ごとに記載

まとめ

□ 代理交付は受託者が委託者の登録番号などで適格請求書を発行

□ 受託者は適格発行事業者の登録をしていなくてもOK

委託販売では代理交付のほかに
媒介者交付特例による発行もできる

● 委託者に代わって受託者の登録番号等で適格請求書を発行する

　前項で説明した代理交付のほかに、委託販売時の適格請求書については媒介者交付特例による発行もできます。**媒介者交付特例とは、委託者の代わりに、受託者の名称や登録番号で買手に適格請求書を発行できる制度**のことです。委託者の名称や登録番号などの記載は必要ありません。ただし、同特例が適用されるのは、委託者だけではなく、**受託者も適格請求書発行事業者**である必要があります。

　特に代理交付よりも便利なのは、受託者が複数の事業者の商品の委託販売を行っている場合です。代理交付であれば、委託者ごとに名称や登録番号を変えて、適格請求書に記載しなければなりませんが、買手が複数の委託者の商品を購入した場合でも、**受託者の名称や登録番号を記載した一枚の適格請求書に、ひとまとめにして発行**することができます。一社専属の代理店契約などによって、委託者の名前を借りて取引をしているような場合を除けば、媒介者交付特例を使ったほうが手間を大きく減らせます。

　適格請求書の発行にあたっては、受託者は「発行した適格請求書の写し」または「提供した電磁的記録」を保存するとともに、これらの写し等を委託者に発行または提供します。この点は代理交付と変わりありません。ただし、複数の委託者の商品を販売していて、日々多数の購入者に適格請求書を発行しているため、適格請求書の写しを委託者に発行することが難しい場合には、適格請求書の写しと関連しているそのほかの書類を委託者に発行し、委託者はその写しを保存する形でも構いません。

● 委託販売での媒介者交付特例による適格請求書発行の流れ

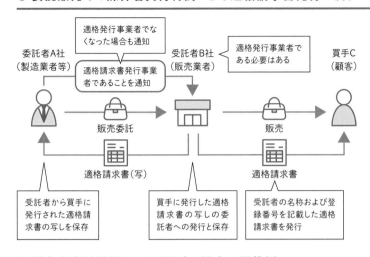

適格発行事業者でな
くなった場合も通知

委託者A社
（製造業者等）

適格請求書発行事業
者であることを通知

受託者B社
（販売業者）

適格発行事業者で
ある必要はある

買手C
（顧客）

販売委託 → 販売

適格請求書（写） 適格請求書

受託者から買手に
発行された適格請
求書の写しを保存

買手に発行した適格
請求書の写しの委
託者への発行と保存

受託者の名称および登
録番号を記載した適格
請求書を発行

● 媒介者交付特例により発行する場合の記載例

請求書
○○年11月分

株式会社○○御中

※は軽減税率対象

○年○月○日
株式会社△△
登録番号：T1234567890123

受託者の氏
名または名
称と登録番
号を記載

各委託者の
商品を一括
して記載で
きる

日付	品名	金額
11/1	バッグ	52,000
11/1	帽子	6,000
11/1	紅茶※	5,400
11/1	クッキー※	3,240
11/2	スマホケース	12,000
11/2	食器	6,600
⋮	⋮	⋮
請求金額		180,000円
8%対象	15,000円(消費税1,111円)	
10%対象	165,000円(消費税15,000円)	

まとめ

□ 委託者が複数いる場合は、媒介者交付特例による発行が便利

□ 委託者、受託者とも適格請求書発行事業者であることが条件

Part
6

インボイス制度で変わる経理のルール

原則課税の1年間の消費税額の計算は
割戻し式、積上げ式の2つから選択

● 適格請求書発行事業者は積上げ計算方式も選べる

　原則課税で1年間の消費税額を求めるには、売上時に預かった消費税額（売上税額）と仕入や経費で支払った消費税額（仕入税額）を計算しなければなりません。

　消費税の計算方法には、**1年間の税込売上高（仕入高）の合計額から消費税額を逆算する「割戻し計算」と、適格請求書等に記載された税額（または売上・仕入ごとの消費税額）を一つずつ足して積み上げる「積上げ計算」**の2つがあります。

　ただし、「積上げ計算」を選択できるのは、適格請求書発行事業者のみです。また、売上税額を積上げ計算した場合には、仕入税額も積上げ計算にしなければならないなど、売上税額と仕入税額の計算方法の組み合わせには、右図のようなルールがあるので注意してください。

　どの組み合わせが有利かはケース・バイ・ケースですが、**一般に1件あたりの売上金額が少額で、件数が多い業種ほど、積上げ計算のほうが納税すべき消費税額が少なくて済む**ケースが多くなります。なぜなら、積上げ計算する場合には、消費税額の計算の際に生じる1円未満の端数をその都度切捨てることができますが、割戻し計算では、計算のもととなる税込金額に積上げ計算なら切捨てられる端数が含まれるためです。そのため、税込金額が大きくなることに加え、切捨ての機会は計算を実施する年に1回だけ、つまり最高でも0.9円しか切捨てられないことになります。実際には仕入税額についても各計算方法で試してみて、有利なものを選びましょう。

● 売上税額と仕入税額の2つの計算方法のイメージ

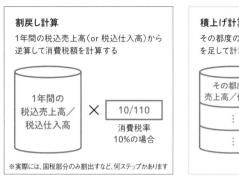

割戻し計算
1年間の税込売上高(or 税込仕入高)から
逆算して消費税額を計算する

1年間の
税込売上高／
税込仕入高 × 10/110
消費税率
10%の場合

※実際には、国税部分のみ割出すなど、何ステップかかあります

積上げ計算
その都度の売上(or仕入)ごとの消費税額
を足して計算する

その都度の
売上高／仕入高
消費税額
＋
消費税額
⋮
消費税額
⋮
合計

● 売上税額と仕入税額の計算方法の組み合わせ

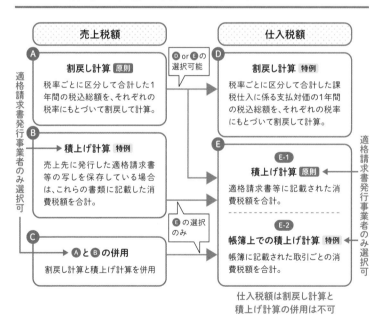

適格請求書発行事業者のみ選択可

売上税額

Ⓐ 割戻し計算 原則
税率ごとに区分して合計した1
年間の税込総額を、それぞれの
税率にもとづいて割戻して計算。

Ⓑ 積上げ計算 特例
売上先に発行した適格請求書
等の写しを保存している場合
は、これらの書類に記載した消
費税額を合計。

Ⓒ ⒶとⒷの併用
割戻し計算と積上げ計算を併用

Ⓓ orⒺの
選択可能

Ⓔの選択
のみ

仕入税額

Ⓓ 割戻し計算 特例
税率ごとに区分して合計した課
税仕入に係る支払対価の1年間
の税込総額を、それぞれの税率
にもとづいて割戻して計算。

Ⓔ

Ⓔ-1 積上げ計算 原則
適格請求書等に記載された消
費税額を合計。

Ⓔ-2 帳簿上での積上げ計算 特例
帳簿に記載された取引ごとの消
費税額を合計。

仕入税額は割戻し計算と
積上げ計算の併用は不可

適格請求書発行事業者のみ選択可

まとめ
☐ 割戻し計算と積上げ計算の2つの計算方法がある
☐ 売上件数が多いと積上げ計算が有利になりやすい

課税売上割合95%未満の事業者等の仕入税額控除の計算方法

> ● **課税売上高や課税売上割合によって全額控除不可の事業者も**

前項のとおり、原則課税では「売上時に預かった消費税−仕入や経費で支払った消費税」で消費税の納税額を計算しますが、課税期間中の**課税売上高が5億円超または課税売上割合が95%未満の事業者**については、支払った消費税を全額控除することが認められていないため、計算方法が違ってきます。

課税売上割合とは、課税期間中の売上全体のうち、消費税が課される売上高（課税売上高）が占める割合のことです。「（課税売上高＋免税売上高）／（課税売上高＋免税売上高＋非課税売上高）」で計算します（課税売上高は税抜金額）。

反対に課税売上高にならない売上とは、土地の譲渡や貸付、株式など有価証券の売却、受取利息、住宅の貸付など、非課税取引によるものです。なお、輸出取引については免税扱いのため（P.30参照）、課税売上高になりませんが、輸出に関連する仕入などの消費税は仕入税額控除できます。

では、前述の課税売上高が5億円超または課税売上割合が95%未満の事業者はどのように消費税額を計算するかというと、**「個別対応方式」「一括比例配分方式」**の2種類の方法から選択します。

個別対応方式では、課税仕入などにかかる消費税を、右図の3つに区分し、❶は全額、❷には「共通する消費税額×課税売上割合」が仕入控除税額となり、❸については仕入税額控除できません。

一方、一括比例配分方式では、「仕入等の消費税額×課税売上割合」が仕入控除税額となります。

● 課税売上高が5億円超または課税売上割合が95%未満のときの 仕入控除税額の計算方法

下記の計算例は課税売上割合80%の場合

A.個別対応方式

課税仕入等に係る消費税額	❶	課税売上に対応する消費税額 例：500万円	**仕入控除税額** 控除できる消費税額 例：500万円 ＋ 160万円 ＝ 660万円
	❷	❶と❸の両方に共通する消費税額 ×課税売上割合 例：200万×80%＝160万円	
	❸	非課税売上に対応する消費税額 例：100万円	控除できない消費税額 例：200万円 － 160万円 ＋ 100万円 ＝ 140万円

B.一括比例配分方式

課税仕入等に係る消費税額	課税仕入等に係る消費税額の 合計額（上記❶+❷+❸） ×課税売上割合 例：(500万円+200万円+100万円) ×80%＝640万円	**仕入控除税額** 控除できる消費税額 例：640万円
		控除できない消費税額 例：800万円 － 640万円 ＝ 160万円

上記のケースでは、個別対応方式のほうが、

仕入控除税額が660万円－640万円＝20万円多い（＝節税になる）

一括比例配分方式は、計算が簡単というメリットがあるが、一度選択すると2年間は個別対応方式を選択することができないので注意。当該の事業年度だけでなく、翌期の業務内容なども考え、個別対応方式よりも消費税の納税額が増えることがないか検討が必要です。

まとめ　□「課税売上高5億円超」「課税売上割合が95%未満」の事業者は 仕入控除税額の計算方法に注意

不動産賃貸業では簡易課税がお勧めの理由

「不動産賃貸業では簡易課税制度がおトク」とよくいわれます。その理由はなぜなのでしょうか。

もともと居住用の賃貸物件であれば消費税は非課税ですが、事務所など事業用の不動産の家賃には消費税がかかります。しかし、不動産賃貸業を営むにあたって、仕入や経費に消費税がかかるものが少ないのです。

たとえば、固定資産税、減価償却費、支払利息など、いずれも消費税の対象とはなりません。物件の取得を除くと消費税がかかる経費としては、仲介手数料や物件の修繕費のほか、一般的な消耗品費などに限られます。このように経費で支払う消費税が少ないということは、原則課税を選択した場合、仕入税額控除できる税額も少なくなるということです。また、課税売上割合が低いため、全額控除できないという問題もあります（P.138参照）。

一方、簡易課税制度はみなし仕入率によって、支払った消費税額を計算します。実際に支払った消費税額は関係なく、不動産賃貸業の場合、第6種事業として、売上時に預かった消費税額の40％の控除が可能になるのでトクすることが多いのです。

ただし、以下に該当する場合は、簡易課税の選択が制限される期間がありますので、注意が必要です。①基準期間の課税売上高が5,000万円を超える場合、②課税事業者を選択した事業者あるいは新設法人・特定新規設立法人が調整対象固定資産（棚卸資産以外の資産で税抜100万円以上のもの）を購入した場合、③課税事業者が高額特定資産（棚卸資産及び調整対象固定資産で税抜1,000万円以上のもの）を購入した場合、です。

Index

Index

■ 問い合わせについて

本書の内容に関するご質問は、下記の宛先までFAXまたは書面にてお送りください。
なお電話によるご質問、および本書に記載されている内容以外の事柄に関するご質問にはお答え
できかねます。あらかじめご了承ください。

〒162-0846 東京都新宿区市谷左内町21-13
株式会社技術評論社 書籍編集部
「60分でわかる! インボイス&消費税 超入門
[令和5年度税制改正対応版]」質問係
FAX:03-3513-6181

※ご質問の際に記載いただいた個人情報は、ご質問の返答以外の目的には使用いたしません。
　また、ご質問の返答後は速やかに破棄させていただきます。

60分でわかる!
インボイス&消費税 超入門 [令和5年度税制改正対応版]

2023年4月 8日　初版　第1刷発行
2023年4月19日　初版　第2刷発行

著者⋯⋯⋯⋯⋯⋯⋯⋯⋯⋯　土屋裕昭

発行者⋯⋯⋯⋯⋯⋯⋯⋯⋯　片岡　巌
発行所⋯⋯⋯⋯⋯⋯⋯⋯⋯　株式会社 技術評論社
　　　　　　　　　　　　　東京都新宿区市谷左内町 21-13
電話⋯⋯⋯⋯⋯⋯⋯⋯⋯⋯　03-3513-6150　販売促進部
　　　　　　　　　　　　　03-3513-6185　書籍編集部
編集⋯⋯⋯⋯⋯⋯⋯⋯⋯⋯　飯野実成、三浦顕子
担当⋯⋯⋯⋯⋯⋯⋯⋯⋯⋯　橘　浩之
装丁⋯⋯⋯⋯⋯⋯⋯⋯⋯⋯　菊池　祐（株式会社ライラック）
本文デザイン・DTP ⋯⋯⋯　山村裕一（cyklu）
本文フォーマットデザイン⋯ 山本真琴（design.m）
製本／印刷⋯⋯⋯⋯⋯⋯⋯　大日本印刷株式会社

ISBN978-4-297-13472-3 C0033
Printed in Japan